I0199115

Pour maman, pour tous ces merveilleux repas !

les petits garçons et les petites filles

To Momma, for all those wonderful meals!

the little boys and the little girls

Contenu

Contents

Contenu

Contents

Contenu

Contents

Hors-d'œuvres

Boulettes de Viande Festives	12
Crevette à la Sauce Chaude	14
Crevette à la Sauce Froide	26
Brocoli Sauce Chaude	18
Chair de Crabe Sauce	20
Boulettes de Saucisse	22
Boulettes de Fromage	24
Sandwiches de Fromage de Poivron	26
Sauce d'Épinards	28

Appetizers

Boulettes de Viande Festives

- 1 livre de bœuf haché
- ½ tasse chapelure fine
- 1 gousse d'ail écrasé
- 2 cuillères à soupe de persil finement haché
- ¼ tasse de lait évaporé
- 1 œuf
- ½ petite cuillère de sel
- ½ tasse de farine
- 2 cuillères à soupe de l'huile
- 1 7-onces boîte de sauce chili
- 1 tasse bouillon de bœuf

1. Mélanger le bœuf avec la chapelure, l'ail, persil, lait, l'œuf et le sel.
2. Former environ 30 boulettes et rouler dans la farine.
3. Faire rôtir dans l'huile chaude et par la suite, retirer l'excès de graisse.
4. Ajouter la sauce chili et le bouillon aux les boulettes.
5. Couvrir et faire mijoter 10 minutes.
6. Pour servir en hors-d'œuvre, piquer chaque boulette d'un cure-dent ou épaissir la sauce et servir comme plat de résistance.

Tiny Festive Meat Balls

- 1 pound ground beef
- ½ cup finely crushed breadcrumbs
- 1 clove crushed garlic
- 2 tablespoons finely chopped parsley
- ¼ cup evaporated milk
- 1 egg
- ½ teaspoon salt
- ½ cup flour
- 2 tablespoons oil
- 1 7-ounce can chili salsa
- 1 cup beef bouillon

1. Mix beef with crumbs, garlic, parsley, milk, egg and salt.
2. Form into about 30 small balls and roll in flour.
3. Brown in hot oil, and then pour off excess fat.
4. Pour salsa and bouillon over meatballs.
5. Cover and simmer for 10 minutes.
6. Serve on toothpicks, or thicken sauce and serve as main dish.

Crevette à la Sauce Chaude

- 2 livres de crevettes, pelées, déveines et émincés*
- 200 grammes de beurre
- 3 boîtes crème soupe de champignons
- 1 côte de céleri émincé
- 2 poivrons émincés
- 2 gros oignons émincés
- 1 gousse d'ail écrasé
- Sel et poivre au goût
- Kitchen Bouquet®, optionnelle
- 1 petite cuillère de fécule de maïs, pour épaissir

1. Emincer les végétaux et les crevettes.
2. Faire cuire végétaux et crevettes avec le beurre dans une casserole jusqu'à ils deviennent tendre.
3. Ajouter la crème soupe de champignons.
4. Assaisonner au goût.

*Petit Mot: Écrevisse peut substituer la crevette.

Hot Shrimp Dip

- 2 pounds shrimp, peeled, deveined and chopped*
- 2 sticks butter
- 3 cans cream of mushroom soup
- 1 rib celery, chopped
- 2 bell peppers, chopped
- 2 large onions, chopped
- 1 pod garlic, chopped
- Salt and pepper to taste
- Kitchen Bouquet®, optional
- 1 teaspoon cornstarch, for thickening

1. Chop vegetables and shrimp.
2. In a large saucepan, cook vegetables and shrimp in butter until tender.
3. Add cream of mushroom soup.
4. Season to taste.

*Note: Crawfish may be substituted for shrimp.

Crevette à la Sauce Froide

- 4 récipients de crème aigre
- 1 paquet d'oignon soupe
- 1 livre de crevettes bouilli et émincées*
- 1 cuillère à soupe d'oignon émincé
- Sel et Tabasco™ au gout

1. Mélanger les ingrédients.
2. Assaisonner au goût.
3. Mettre au frais pendant une heure avant de servir.

*Petit Mot: Écrevisse ou crabe peuvent substituer la crevette.

Cold Shrimp Dip

- 4 containers sour cream
- 1 pack onion soup
- 1 pound shrimp, boiled and chopped*
- 1 tablespoon minced onion
- Salt and Tabasco™ to taste

1. Mix all ingredients.
2. Season to taste.
3. Chill in refrigerator for one hour before serving.

*Note: Crawfish or crab may be substituted for shrimp.

Brocoli Sauce Chaude

- 1 cuillère à soupe de beurre
- 3 côtes de céleri émincé
- 1 boîte petite de champignons égouttés
- 1 boîte de crème soupe de champignons
- ½ de gros oignon émincé
- ½ livre de brocoli émincé et bouilli
- ½ livre de fromage cheddar râpé
- 1 petite cuillère d'ail en poudre

1. Sauter dans une casserole avec beurre, le céleri, les champignons et l'oignon.
2. Ajouter et mélanger le brocoli avec la crème soupe de champignons.
3. Ajouter et remuer le fromage et l'ail en poudre.
4. Servir comme sauce ou casserole de végétales.

Hot Broccoli Dip

- 1 tablespoon butter
- 3 stalks celery, chopped
- 1 small can mushrooms, drained
- 1 can cream of mushroom soup
- ½ large onion, chopped
- ½ pound broccoli, chopped and boiled
- ½ pound grated cheddar cheese
- 1 teaspoon garlic powder

1. In a saucepan, sauté the celery, mushrooms and onion in the butter.
2. Blend in the broccoli and soup.
3. Stir in the cheese and the garlic powder.
4. Serve as a dip or vegetable casserole.

Chair de Crabe Sauce

- ¼ livre de chair de crabe
- 100 grammes de beurre
- 1 cuillère à soupe de farine
- 3 oignons moyennes émincées
- 3 boîtes crème soupe de champignons
- ¼ tasse de persil émincé
- ¼ tasse de oignons vertes émincées
- 1 poivron finement haché
- 3 côtes de céleri émincé

1. Faire fondre le beurre dans une casserole.
2. Ajouter la farine et remuer jusqu'à elle devient crémeuse.
3. Cuire l'oignon, céleri et poivron dans la mixture de farine; ne pas brunir en excès.
4. Ajouter en remuant la crème soupe de champignons et la chair de crabe.
5. Faire mijoter pendant 3 minutes.
6. Ajouter le persil et l'oignon vert.
7. Assaisonner au goût. Vous pouvez ajouter de l'eau, si la consistance est trop épaisse.

Crabmeat Dip

- 1 quart crabmeat
- 1 stick butter
- 1 tablespoon flour
- 3 medium onions, chopped
- 3 cans cream of mushroom soup
- ¼ cup parsley, chopped
- ¼ cup green onions, chopped
- 1 bell pepper, finely chopped
- 3 ribs celery, chopped
- Season to taste

1. Melt butter in saucepan.
2. Add flour and stir until creamy.
3. Cook onion, celery and bell pepper in flour mixture; do not overbrown.
4. Stir in cream of mushroom soup and crabmeat.
5. Simmer for 3 minutes.
6. Add parsley and green onions.
7. Season to taste. If too thick, you may add water for desired consistency.

Boulettes de Saucisse

- 3 tasses de biscuit mix
- 10 onces de fromage cheddar âcre râpé
- 1 livre de saucisse de porc épicée

1. Émietter la saucisse et mélanger avec le fromage.
2. Ajouter biscuit mix et former des petites boulettes.
3. Poser sur une plaque de cuisson non grinçant.
4. Cuire pendant 15 minutes au four à 350°F, ou jusqu'à ceux-ci deviennent brun.

Sausage Balls

- 3 cups biscuit mix
- 10 ounces sharp cheddar cheese, grated
- 1 pound hot pork sausage

1. Crumble sausage and mix with cheese.
2. Add biscuit mix and form into small balls.
3. Place on ungreased cookie sheet.
4. Bake for 15 minutes at 350°F, or until light brown.

Boulettes de Fromage

- ½ livre de fromage frais à tartiner
- ½ livre de fromage Américain
- ½ livre de fromage de poivron
- ½ livre de fromage cheddar âcre
- ½ tasse de noix de pécan émincé
- 1 oignon émincé
- 3 petits piments forts
- 1 cuillère à soupe de jus de citron

1. Mettre tous les ingrédients dans le hachoir.
2. Ajouter le jus de citron le dernière.
3. Former petites boulettes.
4. Rouler les boulettes en paprika ou noix de pécan finement haché.

Cheese Balls

- ½ pound cream cheese
- ½ pound American cheese
- ½ pound pimento cheese
- ½ sharp cheddar cheese
- ½ cup pecans, chopped
- 1 onion, chopped
- 3 small hot peppers
- 1 tablespoon lemon juice

1. Put all in meat grinder.
2. Add the lemon juice last.
3. Form into small balls.
4. Roll in paprika or finely chopped pecans.

Sandwiches de Fromage de Poivron

- 2 livres de fromage cheddar râpé*
- 3 boîtes grandes de poivrons émincés, égouttés
- 1 tasse de mayonnaise*
- 1 piment jalapeño émincé
- 1 cuillère à soupe de moutarde
- 1 miche de pain blanc pour sandwiches*

1. Combiner ingrédients, sauf le pain, dans un large bol.
2. Faire les sandwiches tartinant assez de la mixture équitablement sur une tranche de pain, puis couvrir avec l'autre tranche.
3. Poser dans un plateau et servir.
4. Pour une présentation plus délicate, vous pouvez tailler la croûte et couper en carrés.

*Petit Mot: Maman utilisait fromage Velveeta™, mayonnaise Hellmann's™ et pain Evangeline Maid™. S'il vous resta de la pâte à tartiner, conserver au frigo dans un récipient hermétique de plastique.

Pimento Cheese Sandwiches

- 2 pounds grated cheddar cheese*
- 3 large containers of chopped pimentos, drained
- 1 cup mayonnaise*
- 1 jalapeño pepper, chopped
- 1 tablespoon mustard
- 1 loaf of white sandwich bread*

1. In a large mixing bowl, combine everything except the bread.
2. Make sandwiches by spreading enough mixture evenly on one slice of bread, then cover with another slice.
3. Place on a platter and serve.
4. For a more delicate presentation, you may trim the crust and cut into squares.

*Note: Momma used Velveeta™ cheese, Hellmann's™ mayonnaise, and Evangeline Maid™ bread. If there is any spread leftover, it may be stored in the fridge in a tight plastic container.

Sauce d'Épinards

- 1 petite boîte de tomates Rotel™
- 1 petite boîte de châtaignes d'eau, égoutté
- ¼ tasse de mayonnaise
- 4 onces de crème aigre
- 1 livre d'épinards émincés, fané à la microonde pendant 60 seconds
- 1 oignon petit finement émincé
- ½ petite cuillère d'ail en poudre
- ½ petite cuillère du sel
- ½ petite cuillère de poivre
- Tabasco™ sauce au goût.

1. Mélanger tout en un grand bol.
2. Servir dans un plateau avec des chips.

Spinach Dip

- 1 small can Rotel™ tomatoes
- 1 small can water chestnuts, drained
- ¼ cup mayonnaise
- 4 ounces sour cream
- 1 pound chopped spinach, wilted in microwave for 60 seconds
- 1 small onion, chopped fine
- ½ teaspoon garlic powder
- ½ teaspoon salt
- ½ teaspoon pepper
- Tabasco™ sauce to taste

1. Mix everything together in a large bowl.
2. Serve in a platter with chips.

Salades

Salads

Salade en Couronne de Canneberges

- 1 paquet gélatine de fraise
- 1 boîte canneberge relish gelé
- 1 tasse d'eau chaude
- Pincée de sel
- 1 boîte grande d'ananas écrasé, égoutté; réserver le sirop
- 2 tasses de guimauve miniature
- 1 petit paquet de fromage crème rendu mou
- ½ tasse de mayonnaise
- Pincée de sel
- 1 tasse ¼ d'eau bouillante
- ½ tasse de crème lourde battue
- 1 paquet gélatine citron

Première couche:
1. Faire dissoudre la gélatine de fraise à l'eau chaude. Ajouter canneberge relish et le sel.
2. Verser dans un moule de 6½ tasses et froidir jusqu'à ceci est firme.

Deuxième couche:
1. Faire dissoudre la gélatine de citron dans l'eau bouillant. Ajouter les guimauves et remuer jusqu'à fondue.
2. Ajouter le sirop réservé et froidir jusqu'à partialement durci. Mêler fromage crème, mayonnaise et sel. Ajouter à la mixture de guimauve. Ajouter et remuer l'ananas. Incorporer la crème lourde battue.
3. Verser sur la première couche; froidir jusqu'à ceci est firme. Démouler sur endive frisée. Remplir le centre avec petites feuilles de laitue. Serve 10 à 12 portions.

Cranberry Wreath Salad

- 1 package strawberry jello
- 1 can cranberry relish, frozen
- 1 cup hot water
- Dash salt
- 1 large can crushed pineapple, drained, reserve liquid.
- 2 cups miniature marshmallows
- 1 small package cream cheese, softened
- ½ cup mayonnaise
- Dash salt
- 1¼ cups boiling water
- ½ cup heavy cream, whipped
- 1 package lemon jello

First layer:
1. Dissolve strawberry jello in hot water. Add cranberry relish and salt.
2. Pour into 6½-cup ring mold and chill until firm.

Second layer:
1. Dissolve lemon jello in boiling water. Add marshmallows and stir until melted.
2. Add reserved pineapple syrup, chill until partially set. Blend cream cheese, mayonnaise and salt. Add to marshmallow mixture. Stir in pineapple. Fold in whipped cream.
3. Pour over first layer; chill until firm. Unmold on curly endive. Fill center with tiny lettuce leaves. Serve 10 – 12 portions.

Salade Avocat – Crevette

- 1 laitue grande en chiffonnade
- 1 gros oignon déchiqueté
- 3 gousses d'ail pressé
- 2 tasses ½ crevettes cuites et émincées
- 3 gros avocats mûrs
- ½ tasse vinaigrette
- 2 grosses tomates émincées
- Assaisonner au goût

1. Mélanger la laitue, l'oignon, l'ail, tomates et crevettes.
2. Assaisonner au goût.
3. Dans un bol à part, réduire en purée les avocats avec la vinaigrette.
4. Ajouter la purée à la mixture de laitue et tourner.
5. Mettre au frais pendant 2 à 4 heures avant de servir.

Avocado – Shrimp Salad

- 1 large head lettuce, shredded
- 1 large onion, shredded
- 3 cloves garlic, pressed
- 2½ cups shrimp, cooked and chopped
- 3 large ripe avocados
- ½ cup salad dressing
- 2 large tomatoes, chopped
- Season to taste

1. Mix lettuce, onion, garlic, tomatoes and shrimp.
2. Season to taste.
3. In a separate bowl, mash avocados with salad dressing.
4. Add to lettuce mixture and toss.
5. Chill for 2 – 4 hours before serving.

Salade Crevette De Luxe

- 1 tasse macaronis coudés
- ½ tasse crème aigre
- ½ tasse sauce à la salade française
- 2 tasses crevettes cuites
- ¼ tasse céleri émincé
- ¼ tasse d'oignon émincé
- ¼ tasse piment coupé en cube
- 1 grande boîte de petit pois égouttés
- Sel et poivre au goût

1. Faire cuire les macaronis selon instructions. Rincer à l'eau froide et égoutter.
2. Mélanger la crème aigre, sauce française, sel et poivre.
3. Incorporer macaroni et les ingrédients restants.
4. Mettre au frais.

Shrimp Deluxe Salad

- 1 cup elbow macaroni
- ½ cup sour cream
- ½ cup French dressing
- 2 cups shrimp, cooked
- ¼ cup celery, chopped
- ¼ cup onion, chopped
- ¼ cup pimento, diced
- 1 large can sweet peas, drained
- Salt and pepper to taste

1. Cook macaroni according to package directions. Rinse in cold water and drain.
2. Mix sour cream, French dressing and seasoning.
3. Fold in macaroni and remaining ingredients.
4. Chill.

Salade Waldorf au Thon

- 1 pomme rouge émincée
- 1 cuillère à soupe jus de citron
- 1 boîte de 7 onces du thon égoutté
- 1 cuillère à soupe de cornichons émincés
- ½ tasse de mayonnaise
- 1 petite boîte de petit pois égouttés et cuits
- ½ tasse de carottes émincées et cuites
- Sel et poivre au goût

1. Asperger la pomme avec le jus de citron.
2. Mélanger les ingrédients restants et mettre au frais.
3. Servir sur feuilles de laitue.

Tuna Waldorf Salad

- 1 red apple, chopped
- 1 tablespoon lemon juice
- 1 7-ounce can tuna, drained.
- 1 tablespoon pickles, chopped
- ½ cup mayonnaise
- 1 small can sweet peas, drained and cooked
- ½ cup carrots, chopped and cooked
- Salt and pepper to taste

1. Sprinkle apple with lemon juice.
2. Combine remaining ingredients and chill.
3. Serve on lettuce leaves.

Salade de Thon

- 2 boîtes thon blanc égoutté
- 4 œufs durs pelés et émincés
- ½ tasse céleri émincé
- ½ tasse d'oignon émincée
- ½ tasse cornichons doux émincés
- ¾ tasse vinaigrette
- Feuilles de laitue
- Coins de tomate
- Olives
- Sel et poivre au goût

1. Mélanger tous les ingrédients sauf laitue, tomate et olives.
2. Poser 2 feuilles de laitue croquant et une tranche de tomate dans le saladier.
3. Poser ½ à ¾ tasse de la salade de thon sur la laitue.
4. Recouvrir avec les olives.
5. Mettre au frais jusqu'au moment de servir.
6. Servir avec crackers ou chips.

Tuna Salad

- 2 cans white tuna, drained
- 4 eggs, hard-boiled, peeled and chopped
- ½ cup celery, chopped
- ½ cup onion, chopped
- ½ cup sweet pickles, chopped
- ¾ cup salad dressing
- Lettuce leaves
- Tomato wedges
- Olives
- Salt and pepper to taste

1. Combine all ingredients except lettuce, tomato and olives.
2. Place 2 crisp lettuce leaves and a slice of tomato on salad plates.
3. Place ½ – ¾ cup tuna salad on lettuce.
4. Top with olives.
5. Chill until serving time.
6. Serve with crackers or potato chips.

Salade d'Haricots verts

- 2 livres d'haricots verts taillés et coupé à moitié en longueur
- ½ tasse d'eau
- 4 échalotes émincées
- 1 poivron tranché en anneaux fins
- 1 gros oignon finement tranché
- 1 petite boîte de piment
- 1 petite boîte d'olives noires dénoyautées
- 2 gousses d'ail finement émincé
- ¼ tasse sucre
- ¼ tasse d'huile d'olive
- ¼ tasse vinaigre de vin
- 2 cuillères à soupe sauce de soja
- 6 cuillères à soupe sauce Worcestershire
- Sel et poivre au goût

1. Faire cuire dans une casserole les haricots avec de l'eau jusqu'à ceci devient tendre. Egoutter.
2. Dans un poêlon, faire chauffer l'huile, vinaigre, sauces de soja et de Worcestershire jusqu'à l'ébullition.
3. Dans une cocotte, disposer en couches les haricots verts, échalotes, poivron, l'oignon, piments et olives. Répéter couches jusqu'à les haricots sont fini.
4. Verser la sauce sur les couches, couvrir et poser au frais pendant 12 heures.
5. Remuer occasionnellement.

Green Bean Salad

- 2 pounds green beans, trimmed and cut in half lengthwise
- ½ cup water
- 4 shallots, chopped
- 1 bell pepper, sliced in thin rings
- 1 large onion, thinly sliced
- 1 small can of pimento
- 1 small can of black olives, pitted
- 2 cloves garlic, finely chopped
- ¼ cup sugar
- ¼ cup olive oil
- ¼ cup wine vinegar
- 2 tablespoons soy sauce
- 6 tablespoons Worcestershire sauce
- Salt and pepper to taste

1. In a pot, cook green beans in water until tender. Drain.
2. In a saucepan, heat oil, vinegar, soy sauce, and Worcestershire sauce until it starts to boil.
3. In a casserole dish, layer the green beans, shallots, bell pepper, onion, pimento and olives. Repeat until all beans are used.
4. Pour sauce over the layers, cover and place in refrigerator for 12 hours.
5. Stir occasionally.

Salade au Guimauves

- 1 boîte de mandarine en tranches égouttées
- 1 boîte d'ananas en friandise égoutté
- 1 petite boîte noix de coco râpé
- ½ paquet de guimauves miniatures
- 1 4-onces barquette de crème aigre

1. Égoutter les fruits.
2. Mélanger tout les ingrédients.
3. Mettre au frais avant de servir.

Marshmallow Salad

- 1 can mandarin slices, drained
- 1 can pineapple tidbits, drained
- 1 small can coconut, shredded
- ½ package miniature marshmallows
- 1 4-ounce container sour cream

1. Drain the fruit.
2. Mix all the ingredients.
3. Chill before serving.

Salade de Canneberges en Moule

- 1 paquet gélatine de citron
- 1 tasse d'eau chaude
- 1 boîte sauce de canneberges
- 1 tasse de pomme émincée
- ½ tasse céleri émincé
- 1 tasse de noix de pécan ou noix émincé

1. Faire dissoudre la gélatine dans l'eau chaude.
2. Mettre au frais jusqu'à légèrement épaissit. Ne pas congeler.
3. Forcer la sauce de canneberges par une passoire pour la rendre lisse.
4. Mélanger la sauce de canneberges dans la gélatine et ajouter le reste d'ingrédients.
5. Verser dans le moule et réfrigérer jusqu'à c'est prêt.
6. Servir simplement ou sur laitue. (Génial avec dinde froid.)

Cranberry Mold Salad

- 1 package lemon jello
- 1 cup hot water
- 1 can cranberry sauce
- 1 cup apple, chopped
- ½ cup celery, chopped
- 1 cup pecans or walnuts, chopped

1. Dissolve jello in hot water.
2. Cool until slightly thickened. Do not freeze.
3. Force cranberry sauce through colander for smoothness.
4. Mix cranberry sauce into jello and add remaining ingredients.
5. Pour into mold and refrigerate until set.
6. Serve plain or on lettuce. (Great with cold turkey.)

Salade à L'œuf d'or

- 9 œufs durs pelés et émincés
- ¼ tasse de poivron émincé
- 2 cuillères à soupe de piment émincé
- 1 cuillère à soupe de persil émincé
- 1 petit paquet de fromage crème
- ¼ tasse de mayonnaise
- 1 cuillère à soupe de sauce chili ou ketchup
- 2 cuillères à soupe d'oignon émincée
- Sel et poivre au goût

1. Combiner bien tout les ingrédients dans un grand bol.
2. Mettre au frais pendant 4 heures.
3. Servir sur laitue.

Golden Egg Salad

- 9 eggs, hard-boiled, peeled and chopped
- ¼ cup bell pepper, chopped
- 2 tablespoons pimento, chopped
- 1 tablespoon parsley, chopped
- 1 small package cream cheese
- ¼ cup mayonnaise
- 1 tablespoon chili sauce or catsup
- 2 tablespoons onion, chopped
- Salt and pepper to taste

1. In a large bowl, combine all ingredients well.
2. Chill for 4 hours.
3. Serve on lettuce.

Salade Basique de Crevettes

- 2 livres de crevettes cuites, pelées et émincées
- 1 tasse céleri coupé en cube
- ½ tasse de cornichons émincés
- 1 petit oignon émincé
- 1 tasse de mayonnaise
- 6 œufs durs pelés et émincés
- ¼ tasse de poivron émincé
- Sel et poivre au goût

1. Mélanger bien tout les ingrédients dans un grand bol.
2. Servir sur laitue, tomates en coquille ou poivrons à moitié.

Basic Shrimp Salad

- 2 pounds shrimp, boiled, peeled and chopped
- 1 cup celery, diced
- ½ cup pickles, chopped
- 1 small onion, chopped
- 1 cup mayonnaise
- 6 eggs, hard-boiled, peeled and chopped
- ¼ cup bell pepper, chopped
- Salt and pepper to taste

1. In a large bowl, mix all the ingredients well.
2. Serve on lettuce, tomato shells or in bell pepper halves.

Salade de Framboise

- 1 paquet 8 onces de gélatine de framboise
- 1 boîte d'ananas en friandise
- 1 boîte sauce à la canneberge complète
- ½ tasse noix de pécan émincé
- 1 tasse d'eau chaude
- 6 glaçons
- 8 onces de crème aigre

1. Faire dissoudre la gélatine dans un grand bol avec l'eau chaude.
2. Ajouter la partie fluide d'ananas en friandise.
3. Ajouter les glaçons et faire fondre en remuant.
4. Froidir dans réfrigérateur jusqu'à légèrement épais.
5. Incorporer sauce à la canneberge complète.
6. Ajouter et remuer l'ananas en friandise et noix de pécan.
7. Verser dans le moule et réfrigérer jusqu'à c'est prêt.
8. Servir sur laitue.
9. Garnir de crème sure.

Raspberry Salad

- 1 8-ounce box raspberry jello
- 1 can pineapple tidbits
- 1 can whole cranberry sauce
- ½ cup pecans, chopped
- 1 cup hot water
- 6 ice cubes
- 1 8-ounce container sour cream

1. In a large bowl, dissolve the jello in the hot water.
2. Add the liquid from the pineapple tidbits.
3. Add the ice cubes and stir till melted.
4. Chill in the refrigerator until slightly thickened.
5. Mix in the whole cranberry sauce.
6. Stir in the pineapple tidbits and the pecans.
7. Place in mold and refrigerate until set.
8. Serve on lettuce.
9. Top with sour cream.

Salade de Macaroni

- 8 onces de macaroni
- 1 tasse de céleri tranché
- ½ tasse d'oignon vert émincé
- ½ tasse de cornichons secs
- ½ tasse de tomates sèches
- ¼ tasse d'olives tranchées
- ¼ tasse de cornichons sucrés
- ¾ tasse de vinaigrette
- ½ tasse de radis sec
- Sel et poivre au goût

1. Faire cuire le macaroni selon les indications.
2. Egoutter et rincer.
3. Combiner tous les ingrédients dans un grand bol.
4. Servir sur feuilles de laitue.

Macaroni Salad

- 1 8-ounce package macaroni
- 1 cup celery, sliced
- ½ cup green onions, chopped
- ½ cup dried cucumber
- ½ cup dried tomatoes
- ¼ cup olives, sliced
- ¼ cup dried sweet pickles
- ¾ cup salad dressing
- ½ cup dried radishes
- Salt and pepper to taste

1. Cook the macaroni according to directions.
2. Then drain and rinse.
3. In a large bowl, combine all the ingredients.
4. Serve on lettuce leaves.

Salade Waldorf de Fruits

- 2 tasses de pommes émincées
- 1 banane coupé en cube
- 1 tasse de céleri émincé finement
- ½ tasse noix de pécan cassé
- 1 tasse d'ananas en friandise égoutté
- 1 tasse guimauve miniature
- ¼ tasse crème aigre
- ¼ tasse mayonnaise
- Sauce à la canneberge coupée en cube

1. Combiner les pommes, banane, céleri, noix de pécan, ananas et guimauve dans un bol grand.
2. Incorporer la crème aigre et la mayonnaise.
3. Garnir chaque portion avec la sauce à la canneberge.

Waldorf Fruit Salad

- 2 cups apples, chopped
- 1 banana, diced
- 1 cup celery, finely chopped
- ½ cup broken pecans
- 1 cup pineapple tidbits, drained
- 1 cup miniature marshmallows
- ¼ cup sour cream
- ¼ cup mayonnaise
- Cranberry sauce, cubed

1. In a large bowl, combine the apples, banana, celery, pecans, pineapple tidbits and marshmallows.
2. Fold in the sour cream and mayonnaise.
3. Garnish each serving with the cranberry sauce.

Salade d'Ananas Gelée

- ½ pinte de crème aigre
- 1 cuillère à soupe jus de citron
- ¼ tasse de noix émincée
- 2 bananes coupées en cube
- 1 boîte de 9 onces d'ananas en gros morceaux
- ½ tasse de cerise marasquin
- ¾ tasse sucre
- pincée de sel
- ½ pinte crème fouettée
- Vinaigrette / crème fouettée
- Feuilles de laitue
- Gobelets à muffin

1. Dans un bol grand, incorporer la crème aigre, jus de citron, sel et sucre à la crème fouettée.
2. Ajouter le reste des ingrédients sauf la vinaigrette.
3. Remplir les gobelets à muffin.
4. Congeler.
5. Démouler sur feuilles de laitue.
6. Garnir avec la vinaigrette.

Frozen Pineapple Salad

- ½ pint sour cream
- 1 tablespoon lemon juice
- ¼ cup nuts, chopped
- 2 bananas, diced
- 1 9-ounce can pineapple chunks
- ½ cup maraschino cherries
- ¾ cup sugar
- pinch of salt
- ½ pint whipped cream
- Salad dressing / whipped cream
- Lettuce leaves
- Paper muffin cups

1. In a large bowl, fold in the sour cream, lemon juice, sugar, and salt into the whipped cream.
2. Add the remaining ingredients except the salad dressing.
3. Spoon into paper muffin cups.
4. Freeze.
5. Unmold on lettuce leaves.
6. Top with salad dressing.

Salade d'Avocat Monterrey

- 2 avocats coupés à moitié en longueur
- Jus de citron
- 6 tasses de mini salade verte
- 1 tomate coupée en coins
- 3 onces de fromage crémeux en cubes
- 1 tasse de courgette tranchée
- 2 piments verts tranchés
- 1 petite cuillère de sel
- pincée de poivre
- ¼ petite cuillère poudre de chili
- ¼ tasse huile de table
- 2 cuillères à soupe de vinaigre
- 1 cuillère à soupe d'oignon finement émincé
- ¼ petite cuillère de sucre

1. Retirer la peau et pépin des avocats.
2. Trancher encore en longueur les moitiés.
3. Asperger avec jus de citron.
4. Aligner bol avec la salade verte.
5. Disposer avocat, tomate, fromage crémeux, courgette et piment sur la salade.
6. Dans un bol à part, combiner les ingrédients restants.
7. Mélanger bien et verser par dessus la salade.
8. Tourner la salade légèrement juste avant de servir.

Avocado Salad Monterrey

- 2 avocados, halved lengthwise
- Lemon juice
- 6 cups bite-size salad greens
- 1 tomato cut in wedges
- 1 3-ounce package cream cheese, cubed
- 1 cup zucchini, sliced
- 2 green chili peppers, sliced
- 1 teaspoon salt
- pinch of pepper
- ¼ teaspoon chili powder
- ¼ cup salad oil
- 2 tablespoons vinegar
- 1 tablespoon onion, finely chopped
- ¼ teaspoon sugar

1. Remove avocado seeds and skin.
2. Slice lengthwise again.
3. Sprinkle with lemon juice.
4. Line salad bowl with greens.
5. Arrange avocados, tomato, cream cheese, zucchini and peppers over greens.
6. In a separate bowl, combine the remaining ingredients.
7. Blend well and pour over salad.
8. Toss lightly just before serving.

Salade au Macaroni – Jambon

- 4 onces de macaroni
- 1 tasse de céleri émincé
- ½ tasse mayonnaise
- ¼ tasse crème légère
- 2 tasses de jambon cuit coupé en cube
- ½ petit oignon finement émincé
- 1 petite cuillère sauce de raifort
- 1 tomate tranchée en coins

1. Faire cuire macaroni selon indications.
2. Egoutter.
3. Combiner macaroni avec les ingrédients restants dans un bol grand.
4. Tourner gentiment et mettre au frais à fond.
5. Servir sur laitue.
6. Garnir avec tomate coins.

Ham – Macaroni Salad

- 4 ounces macaroni
- 1 cup celery, chopped
- ½ cup mayonnaise
- ¼ cup light cream
- 2 cups cooked ham, cubed
- ½ small onion, chopped fine
- 1 teaspoon horseradish
- 1 tomato, sliced in wedges

1. Cook macaroni according to directions.
2. Drain.
3. In a large bowl, combine the macaroni with the remaining ingredients.
4. Toss gently and chill thoroughly.
5. Serve on lettuce.
6. Garnish with tomato wedges.

Salade Gelée de Fête

- 8 onces de fromage crémeux
- ½ tasse de sucre confiseur
- ¼ tasse jus de citron
- 1 tasse de crème aigre
- 1 tasse noix de pécan en moitiés
- 1 tasse de cerise rouge glacé
- ¾ tasse d'ananas confis tranchée
- 2 tasses de guimauve miniature
- Colorant alimentaire rouge

1. Dans un bol grand, mélanger fromage crémeux, sucre et jus de citron.
2. Incorporer la crème aigre.
3. Incorporer ensuite les ingrédients restants.
4. Poser à la cuillère dans une casserole.
5. Congeler.
6. Couper en carrés pour servir.
7. Aménager sur laitue croustillante.

Frozen Holiday Salad

- 1 8-ounce package cream cheese
- ½ cup confectioner's sugar
- ¼ cup lemon juice
- 1 cup sour cream
- 1 cup pecan halves
- 1 cup glazed red cherries
- ¾ cups sliced, candied pineapple
- 2 cups miniature marshmallows
- Red food coloring

1. In a large bowl, mix the cream cheese, sugar and lemon juice.
2. Stir in the sour cream.
3. Fold in the remaining ingredients.
4. Spoon into a pan.
5. Freeze.
6. Cut in squares to serve.
7. Arrange on crisp lettuce.

Salade Gelée de Fruits

- 8 onces de fromage crémeux rendu mou
- ¾ tasse de sucre
- 20 onces d'ananas écrasé
- 10 onces de fraises congelées, dégelées et coupées en moitiés
- ¾ tasse noix de pécan émincé
- 2 bananes en tranches
- 12 raisins coupés en moitiés
- 12 onces de garniture Cool Whip™

1. Dans un bol grand, mélanger le fromage crémeux et le sucre jusqu'à l'onctuosité.
2. Ajouter l'ananas, fraises, bananes, noix de pécan et raisins.
3. Incorporer Cool Whip.
4. Poser à la cuillère dans une casserole légèrement graissée.
5. Congeler.
6. Servir sur laitue croustillante.

Frozen Fruit Salad

- 1 8-ounce package cream cheese, softened
- ¾ cup sugar
- 20 ounces crushed pineapple
- 10 ounces frozen strawberries, thawed and cut in half
- ¾ cup chopped pecans
- 2 bananas, sliced
- 12 grapes cut in half
- 12 ounces Cool Whip™

1. In a large bowl, mix the cream cheese and sugar till smooth.
2. Add the pineapple, strawberries, bananas, pecans and grapes.
3. Blend in the Cool Whip.
4. Spoon into a lightly greased pan.
5. Freeze.
6. Serve on crisp lettuce.

Salade de Pâte

- 8 onces de nouilles à l'épinard ou roulettes aux végétales
- 1 boîte de 16 onces d'haricotes rouges égouttés
- 1 grosse tomate, coupée en cube
- 1 petit oignon finement émincé
- 1 poivron finement émincé
- ¼ tasse d'échalote en tranches
- ¼ petite cuillère de basilic
- ½ petite cuillère d'ail en poudre
- ½ petite cuillère d'origan
- ½ petite cuillère de persil
- ½ petite cuillère de thym
- ½ petite cuillère jus de citron
- ½ tasse d'huile d'olive
- 1 cuillère à soupe de moutarde au miel
- 1 petite cuillère grains de sésame
- Sel, poivre et sauce Tabasco™ au goût

1. Faire cuire la pâte selon indications.
2. Egoutter et combiner avec les ingrédients restants.
3. Servir sur laitue croustillante.

Pasta Salad

- 1 8-ounce package spinach noodles or vegetable rotelle
- 1 16-ounce can of kidney beans, drained
- 1 large tomato, diced
- 1 small onion, chopped fine
- 1 bell pepper, chopped fine
- ¼ cup shallots, sliced
- ¼ teaspoon basil
- ½ teaspoon garlic powder
- ½ teaspoon oregano
- ½ teaspoon parsley
- ½ teaspoon thyme
- ½ teaspoon lemon juice
- ½ cup olive oil
- 1 tablespoon honey mustard
- 1 teaspoon sesame seeds
- Salt, pepper and Tabasco™ sauce to taste

1. Boil the pasta according to the package directions.
2. Drain and combine it with the rest of the ingredients.
3. Serve on crispy lettuce leaves.

Salade Watergate

- 1 paquet instant pudding mix de pistache
- 1 brique grand de garniture de lait fouettée
- 1 boîte grande d'ananas écrasée
- 1 tasse noix de pécan émincé
- 1 tasse de guimauve miniature

1. Mélanger les ingrédients tous ensemble.
2. Mettre au frais pour consistance.

Watergate Salad

- 1 package pistachio instant pudding mix
- 1 large carton whipped dairy topping
- 1 large can crushed pineapple
- 1 cup chopped pecans
- 1 cup miniature marshmallows

1. Mix all ingredients together.
2. Chill until firm.

Plats Principaux

Main Dishes

Roux Basique

- 2 cuillères à soupe d'huile
- 2 cuillères à soupe de farine

1. Chauffer l'huile dans une marmite ou poêle à frire.
2. Ajouter la farine et remuer constamment pour faire brunir.
   - Marron châtain pour fruits de mer.
   - Marron foncé pour gombo.
3. Faire attention de ne pas brûler le roux.
4. Pour faire diverses sauces, ajouter l'assaisonnement et le bouillon.

Basic Roux

- 2 tablespoons oil
- 2 tablespoons flour

1. Heat the oil in a thick pot or skillet.
2. Add the flour and stir constantly until it turns brown:
    • Reddish brown for seafood dishes.
    • Darker brown for gumbos.
3. Be careful not to burn the roux.
4. To make various sauces and gravies, add seasoning and stock.

Riz Basique

- 1 tasse de riz non cuit
- 2 tasses d'eau
- 1 cuillère à soupe d'huile
- 1 petite cuillère de sel

1. Poser l'huile, puis le riz et ensuite le sel et l'eau dans une ¼ casserole.
2. Porter à ébullition.
3. Réduire à feu moyen.
4. Cuire jusqu'à des petites trous apparaissent par-dessus le riz.
5. Poser le couvercle et cuire à petit feu pendant 20 minutes.

Basic Rice

- 1 cup uncooked rice
- 2 cups water
- 1 tablespoon oil
- 1 teaspoon salt

1. Place the oil, then the rice and the salt and water in a 1-quart saucepan.
2. Bring to a boil.
3. Lower the heat to medium.
4. Cook until little holes appear in the top of the rice.
5. Cover and cook on low heat for 20 minutes.

Écrevisses Étouffées

- 1 livre d'écrevisses, queues et graisse
- 1 plaque de beurre
- 1 tasse d'oignons émincées
- 1 tasse bouillon de poule
- 3 cuillères à soupe de farine
- 1 petite cuillère paprika
- ½ tasse d'oignons vertes émincées
- ¼ tasse de persil émincé
- Assaisonner au goût

1. Cuire les oignons dans le beurre jusqu'à fané.
2. Ajouter la farine et remuer constamment pour bien mélanger. Ne pas brunir.
3. Ajouter le bouillon, la graisse d'écrevisses et l'assaisonnement.
4. Mijoter environ 20 minutes.
5. Ajouter écrevisses et mijoter encore 20 minutes.
6. Just avant de servir, ajouter les oignons vertes et persil.
7. Servir sur de riz fumant.

Crawfish Étouffé

- 1 pound crawfish tails and fat
- 1 stick butter
- 1 cup onions, chopped
- 1 cup chicken broth
- 3 tablespoons flour
- 1 teaspoon paprika
- ½ cup green onions, chopped
- ¼ cup parsley, chopped
- Season to taste

1. Cook the onions in butter until wilted.
2. Add the flour and stir constantly till well mixed. Do not brown!
3. Add broth, crawfish fat and seasoning.
4. Simmer for about 20 minutes.
5. Add the crawfish and simmer for another 20 minutes.
6. Just before serving, add the green onions and parsley.
7. Serve over steaming rice.

Côtelettes de Porc au Citron

- 6 côtelettes de porc grosses
- Sel et poivre rouge au goût
- 2 cuillères à soupe d'huile
- 1 tasse d'oignon émincé
- ½ tasse de poivron émincé
- 3 gousses d'ails émincés
- 2 boîtes moyennes V-8 jus™
- ½ citron en tranches fines
- 1 tasse d'olives dénoyautées
- 1 petit pot de champignons au vinaigre
- 1 petit pot de piment émincé
- ½ oignon vert émincé

1. Assaisonner les côtelettes.
2. Ajouter l'huile à la casserole (de préférence fer noir) et brunir les deux côtés des côtelettes.
3. Ajouter l'oignon, le poivron et l'ail émincés.
4. Faire cuire pendant 2 minutes jusqu'à ils sont tendre.
5. Ajouter les tranches de citron et V-8 jus, cuire à feu moyen et couvrir.
6. Remuer de temps en temps.
7. Cuire jusqu'à les côtelettes sont tendre.
8. Ajouter olives, champignons, piment et l'oignon vert.
9. Servir sur riz cuit à la vapeur.

Lemon Pork Chops

- 6 thick pork chops
- Salt and red pepper to taste
- 2 tablespoons oil
- 1 cup chopped onion
- ½ cup chopped bell pepper
- 3 cloves minced garlic
- 2 medium cans V-8 juice™
- ½ lemon, thinly sliced
- 1 cup pitted olives
- 1 small jar pickled mushrooms
- 1 small jar chopped pimento
- ½ chopped green onions

1. Season the pork chops.
2. Add the oil to a heavy pot (preferably black iron) and brown the pork chops on both sides.
3. Add the chopped onions, bell pepper and garlic.
4. Cook for about 2 minutes until the vegetables are tender.
5. Add the lemon slices and V-8 juice, lower heat to medium, and cover.
6. Stir occasionally.
7. Cook until pork chops are tender.
8. Add olives, mushrooms, and pimento and green onions.
9. Serve over steamed rice.

Casserole de Crabe

- ¼ poivron émincé
- ¾ tasse de céleri émincé
- 1 tasse d'oignon émincé
- 1 plaque de beurre
- 1 pinte chair de crabe
- 3 œufs légèrement battus
- ½ tasse miettes de cornflakes
- Sel, noir et rouge poivre au goût

1. Cuire les légumes dans le beurre jusqu'à ils sont tendre.
2. Ajouter la chair de crabe et les œufs.
3. Puis, ajouter les miettes et réserver assez pour saupoudrer au dessus la casserole.
4. Mettre dans une cocotte* et saupoudrer le reste de miettes.
5. Cuire au four entre 10 à 15 minutes à 350°F.

*Petit mot: On peut utiliser pour fourrer coquilles de crabe ou poivrons.

Crab Casserole

- ¼ chopped bell pepper
- ¾ cup chopped celery
- 1 cup chopped onion
- 1 stick butter
- 1 pint crabmeat
- 3 eggs, slightly beaten
- ½ cup cornflake crumbs
- Salt, black and red pepper to taste

1. Cook the vegetables in the butter until tender.
2. Add the crabmeat and eggs.
3. Add the cornflake crumbs, reserving enough to sprinkle on top of the casserole.
4. Place in a casserole dish* and top with the remaining cornflake crumbs.
5. Bake at 350°F for 10 – 15 minutes.

*Note: May be used to stuff crab shells or bell peppers.

Gombo de Poulet – Andouille

- 3 livres de poulet coupé en morceaux et assaisonné
- 1 livre de saucisse, andouille ou fumé, coupé en morceaux
- ½ tasse de farine
- ½ tasse d'huile
- 1 oignon émincé
- 1 poivron émincé
- 2 tiges de céleri émincé
- 1 gousse d'ail haché
- 12 tasses d'eau
- ½ tasse d'oignons vertes émincés
- Sel, poivre noir et cayenne au goût
- Filé au goût

1. Enlever la peau et assaisonner le poulet. Dans une marmite, faire chauffer l'huile et puis brunir les morceaux de poulet, ensuite retirer et poser dans un autre plat.
2. Avec l'huile restant dans la marmite, faire un roux. Ajouter de l'huile si nécessaire. Brunir la farine doucement et remuant constamment jusqu'à bien bruni. Faire attention de ne pas brûler le roux.
3. Ajouter l'oignon, poivron, céleri et l'ail et cuire jusqu'à les légumes sont fanés, environ 2 minutes. Ajouter de l'eau et faire bouillir et remuer pour mélanger le roux.
4. Réduire le feu. Ajouter le poulet et faire cuire environ une heure.
5. Ajouter saucisse, sel, poivre noir et cayenne au goût. Mijoter encore pendant une heure. Arrêter le feu et ajouter les oignons vertes et filé. Servir au dessus riz blanc.

Chicken – Sausage Gumbo

- 3 pounds chicken, cut in pieces and seasoned
- 1 pound sausage, andouille or smoked, cut in pieces
- ½ cup flour
- ½ cup oil
- 1 onion, chopped
- 1 bell pepper, chopped
- 2 stalks celery, chopped
- 1 garlic clove, minced
- 12 cups water
- ½ cup green onions, chopped
- Salt, black pepper and cayenne to taste
- Filé, to taste

1. Remove the skin and season the chicken. In a heavy pot, heat the oil and brown the chicken pieces, then remove them to another dish.
2. Make a roux using the oil left in the pot. Add extra oil, if necessary. Brown the flour slowly, stirring constantly until it is dark brown. Be careful not to burn it.
3. Add the onion, bell pepper, celery and garlic and cook until the vegetables are wilted, about 2 minutes. Add the water and bring to a boil and stir to blend the roux.
4. Lower the heat. Add the chicken pieces and cook for about an hour.
5. Add the sausage, salt, black pepper and cayenne to taste. Simmer for another hour. Turn off the heat and add the green onions and filé. Serve over white rice.

Gombo de Crevette – Okra

- 2 livres de crevettes pelées et sans nervures
- 4 cuillères à soupe d'huile
- 2 cuillères à soupe de farine
- 3 tasses d'okra tranché en morceaux ½ pouces
- 3 grosses tomates, pelées et émincées
- 1 gros oignon émincé
- 1 gros poivron émincé
- 1 feuille de laurier
- 3 gousses d'ail émincé (optionnel)
- 8 tasses d'eau
- Sel, poivre noir et cayenne au goût

1. Chauffer 2 cuillères à soupe d'huile, ajouter farine et faire roux doré.
2. Ajouter les crevettes et remuer constamment environ 2 à 3 minutes. Laisser de côté pour plus tard.
3. Dans une autre casserole, mettre l'huile restant et étouffer l'okra avec l'oignon et le poivron.
4. Ensuite ajouter les tomates et remuer.
5. Ajouter l'eau, laurier, l'ail, sel et poivre. Remuer.
6. Ajouter les crevettes et le roux. Remuer.
7. Cuire à petit feu environ 30 minutes.
8. Servir au dessus riz blanc.

Shrimp – Okra Gumbo

- 2 pounds shrimp, peeled and deveined
- 4 tablespoons oil
- 2 tablespoons flour
- 3 cups okra cut in ½ inch slices
- 3 large tomatoes, peeled and chopped
- 1 large onion, chopped
- 1 large bell pepper, chopped
- 1 bay leaf
- 3 pods garlic, minced (optional)
- 8 cups water
- Salt, black pepper and cayenne to taste

1. Heat 2 tablespoons oil, add the flour and make a golden roux.
2. Add the shrimp and stir constantly for 2 or 3 minutes. Set this aside for later.
3. In another pot, add the remaining oil and smother the okra with the onions and bell pepper.
4. Add the tomatoes and stir.
5. Add the water, bay leaf, garlic, salt and pepper. Stir.
6. Add the shrimp and roux mixture and stir.
7. Cook on low heat for about 30 minutes.
8. Serve over white rice.

Riz au Vin

- 1 tasse d'oignons émincés
- ¾ tasse de céleri émincé
- ¼ tasse de poivron émincé
- 1 plaque de beurre
- 1 petite boîte de piment
- Sel, poivre noire et rouge
- 1 boîte moyenne de champignons tranchés*
- 1 tasse de riz grain long
- 1½ tasse bouillon de poule
- ½ tasse de vin blanc**
- ½ tasse d'oignons verts émincés

1. Faire cuire oignons, céleri et poivron, dans le beurre jusqu'à les légumes sont transparent.
2. Ajouter piment, champignons et oignons verts. Poser de côté.
3. Porter à ébullition le bouillon de poule et le vin.
4. Ajouter le riz. Remuer gentiment et laisser cuire le riz jusqu'à la plus part de l'eau est absorbé. Couvrir et réduire le feu.
5. Mijoter pendant 20 minutes.
6. Quand le riz est cuit, mélanger avec les légumes dans un bol de servir.
7. Assaisonner au goût.

*On peut substituer les champignons avec homard, écrevisse ou crevette.
**Une ½ tasse supplémentaire de bouillon de poule peut être utilisée à la place du vin.

Wine Rice

- 1 cup chopped onions
- ¾ cup chopped celery
- ¼ cup chopped bell pepper
- 1 stick butter
- 1 small can pimento
- Salt, black and red pepper
- 1 medium can sliced mushrooms*
- 1 cup long grain rice
- 1½ cups chicken broth
- ½ cup white wine**
- ½ cup chopped green onions

1. Cook onions, celery and bell pepper in butter until the vegetables are transparent.
2. Add the pimento, mushrooms and green onions. Set aside.
3. Bring the chicken broth and wine to a boil.
4. Add the rice. Stir gently and let rice cook until almost all of the liquid is absorbed. Cover and lower the heat.
5. Simmer for 20 minutes.
6. When the rice is cooked, mix with vegetables in a serving bowl.
7. Season to taste.

*Lobster, crawfish or shrimp may be substituted for mushrooms.
**An extra ½ cup of chicken broth may be used in place of the wine.

Casserole d'Aubergine

- 1 livre de viande hachée
- 4 aubergines, bouilli et égouttés
- 1 gros oignon émincé
- 1 poivron petit émincé
- 2 gousses d'ail émincé
- ¼ tasse de persil émincé
- Sel, poivre et Tabasco™ au goût
- 3 cuillères à soupe d'huile d'olive
- 2 œufs battus
- 1 tasse miettes de pain

1. Brunir la viande dans l'huile.
2. Ajouter l'oignon, poivron, l'ail et persil.
3. Ajouter les aubergines et cuire jusqu'à elles éclatent.
4. Incorporer assaisonnement.
5. Retirer du feu et incorporer les œufs.
6. Mélanger les miettes et poser dans une casserole de 2 litres.
7. Cuire au four à 350°F jusqu'à c'est bien chauffé.

Eggplant Casserole

- 1 pound ground meat
- 4 eggplants, boiled and drained
- 1 large onion, chopped
- 1 small bell pepper, chopped
- 2 cloves garlic, chopped
- ¼ cup parsley, chopped
- Salt, pepper and Tabasco™ to taste
- 3 tablespoons olive oil
- 2 eggs, beaten
- 1 cup breadcrumbs

1. Brown the meat in oil.
2. Add onion, bell pepper, garlic and parsley.
3. Add eggplants and cook till the eggplants break up.
4. Blend in seasoning.
5. Remove from heat and stir in the eggs.
6. Mix in breadcrumbs, and place in a 2-quart casserole.
7. Bake at 350°F until well heated.

Casserole de Crevette

- 1 livre de crevettes, pelées et sans nervures*
- 1 tasse d'oignon émincé
- 1 tasse de céleri émincé
- 1 tasse de poivron vert
- ½ tasse de persil émincé
- 2 gousses d'ail
- 1 plaque de beurre
- 1 boîte soupe de crème de champignons
- 1 boîte de soupe de fromage cheddar
- ¼ tasse de miettes de pain
- 1 petite boîte de poivrons
- 1 tasse d'oignons verts émincés
- 1 petite cuillère de sauce piquante
- 1 petite cuillère de sel
- ½ petite cuillère de poivre noir
- 2 tasses de riz cuit

1. Cuire dans le beurre l'oignon, poivron, l'ail et céleri jusqu'à tendre.
2. Ajouter crevettes, soupes, persil, oignon vert et poivron vert.
3. Chauffer à fond.
4. Incorporer le riz et l'assaisonnement.
5. Verser dans une casserole de 3 litres et saupoudrer les miettes.
6. Cuire au four à 350°F pendant 30 minutes.

*Petit mot: On peut substituer les crevettes avec écrevisses.

Shrimp Casserole

- 1 pound shrimp, peeled and deveined*
- 1 cup chopped onion
- 1 cup chopped celery
- 1 cup chopped green pepper
- ½ cup chopped parsley
- 2 cloves garlic
- 1 stick butter
- 1 can cream of mushroom soup
- 1 can cheddar cheese soup
- ¼ cup breadcrumbs
- 1 small can pimentos
- 1 cup chopped green onions
- 1 teaspoon hot sauce
- 1 teaspoon salt
- ½ teaspoon black pepper
- 2 cups cooked rice

1. Cook onion, pepper, garlic and celery in butter until tender.
2. Add shrimp, soups, parsley, green onions and chopped pimento with juice.
3. Heat thoroughly.
4. Stir in rice and seasoning.
5. Place into 3-quart casserole and sprinkle with breadcrumbs.
6. Bake at 350°F for 30 minutes.

*Note: You may substitute crawfish for the shrimp.

Poulet à la Sauce Piquante

- 1 poulet gros, coupé en morceaux
- ½ tasse d'huile
- ½ tasse de farine
- 3 oignons émincés
- 3 tiges de céleri émincées
- 1 poivron émincé
- 3 tomates émincées
- 1 boîte pâte de tomate
- 4 tasses d'eau
- ¼ tasse d'oignons verts émincés
- ¼ tasse de persil émincé
- Sel et poivre au goût

1. Assaisonner le poulet.
2. Chauffer l'huile et brunir les morceaux de poulet. Retirer et mettre de côté.
3. Faire un roux avec l'huile restant.
4. Ajouter oignons, céleri et poivron.
5. Cuire jusqu'à tout soit fané.
6. Ajouter les tomates et la pâte de tomate.
7. Cuire environ 5 minutes.
8. Incorporer le poulet bruni et l'eau.
9. Faire cuire jusqu'à le poulet soit tendre.
10. Assaisonner au goût.
11. Ajouter oignons verts et persil.
12. Servir avec de riz.

Chicken Sauce Piquante

- 1 large chicken, cut in pieces
- ½ cup oil
- ½ cup flour
- 3 onions, chopped
- 3 stalks celery, chopped
- 1 bell pepper, chopped
- 3 large tomatoes, chopped
- 1 can tomato paste
- 4 cups water
- ¼ cup green onions, chopped
- ¼ cup parsley, chopped
- Salt and pepper to taste

1. Season the chicken.
2. Heat the oil and brown the chicken pieces. Remove and set aside.
3. Make a roux with the remaining oil.
4. Add the onions, celery and bell pepper.
5. Cook until wilted.
6. Add the tomatoes and tomato paste.
7. Cook for about 5 minutes.
8. Add the browned chicken pieces and the water.
9. Cook until the chicken is tender.
10. Season to taste.
11. Add green onions and parsley.
12. Serve with rice.

Côtelette de Veau

- 1 livre ½ de côtelette de veau (½ pouce d'épaisseur)
- ½ tasse d'huile d'olive
- ¼ tasse jus de citron
- 1 gousse d'ail
- 1 cuillère à soupe de moutarde préparée
- ½ petite cuillère de sucre
- ¼ tasse de farine
- Sel et poivre au goût
- 1 poivron vert tranché
- 1 oignon finement tranché
- 1 tasse bouillon de poule
- ¼ livre de champignons
- 1 cuillère a soupe de beurre
- 6 olives fourré de piment

1. Couper côtelette en portions à servir et assaisonner avec sel, poivre, jus de citron, ail, moutarde et sucre. Laisser reposer 15 minutes.
2. Passer une couche de farine sur le veau. Mettre de côté la marinade.
3. Faire chauffer l'huile et brunir bien le veau. Ajouter l'oignon et le poivron vert.
4. Incorporer le bouillon de poule à la marinade et ajouter au veau.
5. Couvrir et mijoter pendant 40 à 60 minutes.
6. Brunir les champignons avec le beurre.
7. Ajouter les champignons et les olives au veau.
8. Cuire 5 minutes plus long.
9. Servir avec pâtes et salade.

Veal Scallopini

- 1½ pounds veal steak (½ inch thick)
- ½ cup olive oil
- ¼ cup lemon juice
- 1 clove garlic
- 1 tablespoon prepared mustard
- ½ teaspoon sugar
- ¼ cup flour
- Salt and pepper to taste
- 1 green pepper, sliced
- 1 onion, thinly sliced
- 1 cup chicken bouillon
- ¼ pound mushrooms
- 1 tablespoon butter
- 6 pimento-stuffed olives

1. Cut veal into serving pieces and season with salt, pepper, lemon juice, garlic, mustard and sugar. Let stand for 15 minutes.
2. Coat the veal with flour. Set marinade aside.
3. Heat oil and brown the veal well. Add onion and green pepper.
4. Combine chicken bouillon with the remaining marinade and add to the veal.
5. Cover and simmer for 40 – 60 minutes.
6. Brown mushrooms in butter.
7. Add mushrooms and olives to veal.
8. Cook 5 minutes longer.
9. Serve with pasta and salad.

Jambalaya de Poule

- 1 poulet gros, coupé en morceaux
- ½ livre de kielbasa, coupé en cube
- ½ tasse d'huile d'olive
- 2 oignons émincés
- 2 tiges de céleris émincés
- 2 poivrons émincés
- 2 gousses d'ail haché
- 3 grosses tomates émincées
- 1 boîte pâte de tomate
- Tabasco™ sauce au goût
- 1 feuille de laurier
- 1 tasse de riz cru
- 2 tasses d'eau
- 2 piments émincés
- ¼ tasse d'oignons verts émincés
- Sel et poivre au goût

1. Assaisonner le poulet.
2. Chauffer l'huile et sauter le poulet et la kielbasa, environ 5 minutes, pour brunir légèrement. Retirer de l'huile et mettre de côté.
3. Dans l'huile, cuire les oignons, céleris, poivrons et ails jusqu'à tout soit fané.
4. Ajouter les tomates, pâte de tomate, sel, poivre, Tabasco et laurier.
5. Cuire à feu doux entre 5 à 10 minutes.
6. Incorporer les morceaux de poulet et kielbasa brunis, le riz et l'eau.
7. Porter à ébullition. Réduire le feu et cuire jusqu'à des trous apparaissent par-dessus le riz.
8. Couvrir et cuire à petit feu environ 20 minutes.
9. Ajouter piments et oignons verts.

Chicken Jambalaya

- 1 large chicken, cut in pieces
- ½ pound kielbasa, diced
- ½ cup olive oil
- 2 onions, chopped
- 2 stalks celery, chopped
- 2 bell peppers, chopped
- 2 cloves garlic, minced
- 3 large tomatoes, chopped
- 1 can tomato paste
- Tabasco™ sauce to taste
- 1 bay leaf
- 1 cup raw rice
- 2 cups water
- 2 pimentos, chopped
- ¼ cup green onions, chopped
- Salt and pepper to taste

1. Season the chicken.
2. Heat the oil and sauté chicken and kielbasa until lightly browned, about 5 minutes. Remove and set aside.
3. Add the onions, celery, bell pepper and garlic. Cook until wilted.
4. Add the tomatoes, tomato paste, salt, pepper, hot sauce and bay leaf.
5. Cook slowly for about 5 – 10 minutes.
6. Add the browned chicken pieces and kielbasa, the rice and the water.
7. Bring to a boil. Lower the fire and cook until holes appear in the rice.
8. Cover and cook on low heat for about 20 minutes.
9. Add pimentos and green onions.

Casserole de Chou

- 1 livre de viande de porc maigre hachée
- 2 cuillères à soupe d'huile
- 4 gros oignons tranchés
- 2 boîtes petites de sauce de tomates
- 1 boîte de tomates Rotel™
- 2 têtes de chou émincé
- ½ livre de fromage cheddar âcre râpé

1. Dans une casserole grande, brunir le porc en l'huile.
2. Ajouter les oignons et tomates, et mijoter environ 10 minutes.
3. Ajouter le chou.
4. Cuire à petit feu jusqu'à le chou soit tendre.
5. Poser la mixture dans une cocotte et surmonter avec le fromage râpé.
6. Mettre au four à 350°F jusqu'à le fromage soit fondu.

Cabbage Casserole

- 1 pound lean ground pork
- 2 tablespoons oil
- 4 large onions, sliced
- 2 small cans tomato sauce
- 1 can Rotel™ tomatoes
- 2 heads cabbage, chopped
- ½ pound grated sharp cheddar cheese

1. In a large pot, brown the pork in the oil.
2. Add the onions and tomatoes and simmer for about 10 minutes.
3. Add the cabbage.
4. Cook on low until the cabbage is tender.
5. Place the mixture in a casserole dish and top with grated cheese.
6. Bake at 350°F until cheese is melted.

Court-bouillon de Poisson

- 4 tasses d'eau
- ½ tasse de roux (voir recette de roux)
- 1 tasse d'oignon émincé
- 1 tige de céleri émincé
- 1 poivron émincé
- 2 gousses d'ail haché
- 5 grosses tomates mûres tranchées
- 1 boîte de tomates en cubes avec chilis verts Rotel™
- 1 petite cuillère de sel
- ¼ petite cuillère de poivre noir
- 5 ou 6 gouttes de Tabasco™ au goût
- 2 livres de rascasse rouge, vivaneau rouge ou poisson-chat nettoyés
- Sel et poivre noir au goût
- Garniture: oignon vert émincé; persil frais, émincé; 1 citron finement tranché (retirer les pépins)

1. Dans un poêlon, faire un roux à feu moyen remuant constamment.
2. Ajouter au roux, l'oignon, céleri et poivron; et cuire environ 3 à 4 minutes ou jusqu'à les légumes soient fanées. Incorporer l'ail et cuire encore 1 minute.
3. Ajouter au roux et légumes, les tomates tranchées.
4. Ajouter les tomates Rotel. Mijoter en remuant occasionnellement pendant environ 30 minutes.
5. Incorporer de l'eau tiède et ajouter sel, poivre, Tabasco et porter à ébullition. Réduire le feu et mijoter environ 1 heure ou jusqu'à le roux c'est rendu épais. Remuer occasionnellement.
6. Finalement, ajouter le poisson au dessus la sauce, saupoudrer de sel et poivre, couvrir et mijoter de 10 à 15 minutes ou jusqu'à le poisson soit parfaitement cuit. Ne pas remuer !
7. Ajouter la garniture. Louche le court-bouillon dans un bol à soupe sur de riz chaude cuit.

Fish Court-bouillon

- 4 cups warm water
- ½ cup roux (see roux recipe)
- 1 cup onion, chopped
- 1 stalk celery, chopped
- 1 bell pepper, chopped
- 2 garlic cloves, minced
- 5 large, ripe tomatoes, sliced
- 1 can Rotel™ diced tomatoes with green chilies
- 1 teaspoon salt
- ¼ teaspoon black pepper
- 5 or 6 splashes Tabasco™ to taste
- 2 pounds redfish, red snapper, or catfish, cleaned
- Salt and black pepper, to taste
- Garnish: green onion, chopped; fresh parsley, chopped; 1 lemon, thinly sliced (remove the seeds)

1. In a large, heavy pot, make a roux over medium heat, stirring constantly.
2. Add the onion, celery and bell pepper to the roux and cook for about 3 – 4 minutes or until vegetables are wilted. Add the garlic and cook another minute.
3. Add the sliced tomatoes to the roux and vegetables.
4. Add the Rotel tomatoes. Simmer, stirring occasionally, for about 30 minutes.
5. Stir in warmed water and add the salt, pepper, Tabasco, and bring to a boil. Reduce heat and simmer for about 1 hour, or until thickened. Stir occasionally.
6. Lastly, add the fish to the top of the sauce, sprinkle it with salt and pepper, cover and simmer for 10 – 15 minutes, or until fish is cooked through. Don't stir!
7. Add the garnish. Ladle the court-bouillon into a deep soup bowl, over hot, cooked rice.

Mirlitons Farcis

- 4 mirlitons, coupés en moitiés
- ½ livre de bœuf haché
- 1 cuillère à soupe d'huile d'olive
- 1 oignon émincé
- 1 poivron émincé
- 2 gousses d'ail haché
- 1 petite cuillère d'origan
- ¼ tasse de persil émincé
- Sel, poivre noir et cayenne au goût
- Miettes de pain ou de biscuits salés
- 2 petites cuillères de beurre

1. Faire bouillir les mirlitons dans l'eau jusqu'à ils sont moelleux
2. Soigneusement retirer les pépins avec une cuillère et puis la pulpe, laissant environ ¼ pouce rester dans la peau. Mettre la pulpe de côté.
3. Brunir la viande dans l'huile.
4. Ajouter l'oignon, poivron, l'ail, origan, persil et assaisonnement. Cuire environ 2 ou 3 minutes.
5. Ajouter la pâte et cuire encore 2 ou 3 minutes.
6. Farcir les peaux de mirlitons avec la mixture et poser dans une casserole.
7. Saupoudrer avec les miettes.
8. Au dessus de chaque moitié de mirliton, poser une petite plaquette de beurre.
9. Cuire au four à 350°F pendant 20 à 25 minutes.

Stuffed Mirlitons
(Vegetable Pears)

- 4 mirlitons, cut in half
- ½ pound ground beef
- 1 tablespoon olive oil
- 1 onion, chopped
- 1 bell pepper, chopped
- 2 cloves garlic, minced
- 1 teaspoon oregano
- ¼ cup chopped parsley
- Salt, black pepper and cayenne to taste
- Breadcrumbs or cracker crumbs to cover
- 2 teaspoons butter

1. Boil the mirlitons in water until soft.
2. Carefully remove the seed with a spoon, and then remove the pulp, leaving about ¼ inch shell. Set the pulp aside.
3. Brown the meat in the oil.
4. Add the onion, bell pepper, garlic, oregano, parsley and the seasoning. Cook for about 2 or 3 minutes.
5. Add the pulp and cook for another 2 or 3 minutes.
6. Fill the mirliton shells with the mixture and place in a casserole.
7. Sprinkle the breadcrumbs.
8. Place a pat of butter on top of each mirliton half.
9. Bake at 350°F for 20 – 25 minutes.

Rôti de Bœuf

- 3 livres de rosbif rond
- 2 gousses d'ail tranchés
- 1 gros oignon émincé
- 1 poivron émincé
- 2 tiges de céleri émincé
- 2 cuillères à soupe d'huile végétale
- 1 cuillère à soupe de sauce Worcestershire
- Sel, poivre noir, ail en poudre et cayenne au goût

1. Avec le pointe d'un couteau, perforer autour du rosbif et insérer de l'ail, l'oignon, poivron et céleri dans les endroits où ils cadrent bien distribué.
2. Assaisonner le rosbif avec sauce Worcestershire, sel, poivre noir, cayenne et ail en poudre.
3. Laisser mariner minimum 24 heures dedans le réfrigérateur.
4. Chauffer l'huile dans un poêlon et faire brunir le rosbif tout autour.
5. Couvrir le poêlon et mijoter environ 3 à 4 heures.
6. Ajouter l'oignon, poivron et céleri restants et cuire encore 30 minutes.

Roast Beef

- 3-pound round roast
- 2 cloves garlic, sliced
- 1 large onion, chopped
- 1 bell pepper, chopped
- 2 ribs celery, chopped
- 2 tablespoons vegetable oil
- 1 tablespoon Worcestershire sauce
- Salt, black pepper, garlic powder and cayenne to taste

1. Make knife holes in the roast and insert garlic and some of the onion, bell pepper and celery pieces where they fit.
2. Season the roast with Worcestershire sauce, salt, black pepper, cayenne and garlic powder.
3. Marinate in the refrigerator for at least 24 hours.
4. Heat the oil in a heavy pot and brown the roast on all sides.
5. Cover the pot and simmer for about 3 – 4 hours.
6. Add the rest of the onion, bell pepper and celery and cook for another 30 minutes.

Steak et Poivrons

- 1 livre ½ de steak d'aloyau, 1 pouce d'épaisseur
- ¼ tasse d'huile
- 1 gousse d'ail hachée
- Sel et poivre au goût
- 3 gros poivrons verts tranchés
- 2 gros oignons finement tranchés
- 1 cuillère à soupe de fécule de maïs
- ¼ tasse sauce de soja
- ½ petite cuillère de sucre
- ¼ tasse bouillon de bœuf
- 4 oignons verts tranchés
- ¼ tasse d'eau froide

1. Congeler le steak pendant une heure.
2. Couper en tranches très fines.
3. Chauffer l'huile dans une casserole.
4. Ajouter l'ail, sel et poivre. Sauter brièvement.
5. Ajouter les tranches de steak et faire brunir légèrement pour 2 minutes.
6. Retirer le steak et mettre de côté.
7. Incorporer à l'huile les poivrons verts et l'oignon. Cuire pendant 3 minutes.
8. Dans un bol, mélanger sauce de soja, sucre, bouillon et fécule de maïs; en suite, ajouter ce là avec les tranches de steak à la casserole.
9. Mijoter 2 minutes.
10. Servir sur de riz fumant.

Steak with Peppers

- 1½ pounds sirloin steak, 1 inch thick
- ¼ cup oil
- 1 clove garlic, minced
- Salt and pepper to taste
- 3 large green peppers, sliced
- 2 large onions, thinly sliced
- 1 tablespoon cornstarch
- ¼ cup soy sauce
- ½ teaspoon sugar
- ½ cup beef bouillon
- 4 green onions, sliced
- ¼ cup cold water

1. Freeze steak for one hour.
2. Cut in very thin slices.
3. Heat oil in a saucepan.
4. Add garlic, salt and pepper. Sauté briefly.
5. Add steak slices and brown lightly for 2 minutes.
6. Remove steak and set aside.
7. To the pot, add green peppers and onions. Cook 3 minutes.
8. In a bowl, mix soy sauce, sugar, bouillon, and cornstarch; then add this along with the steak slices to the pot.
9. Simmer for 2 minutes.
10. Serve over steaming rice.

Casserole de Riz à la Rémoulade

- 1 livre de viande hachée
- 1 tasse de riz non cuit
- 1 boîte de soupe de champignons
- 1 boîte de soupe d'oignon
- 1 tige de céleri coupé en cubes
- ¼ de poivron coupé en cubes
- 2 gousses d'ail hachées
- ¼ tasse d'oignon vert émincé
- ¼ tasse de persil émincé
- Sel, poivre et cayenne au goût

1. Dans une casserole d'un litre, combiner tous les ingrédients.
2. Couvrir hermétiquement avec papier aluminium.
3. Cuire au four à 350°F pendant 1 heure.

Rice Dressing Casserole

- 1 pound ground meat
- 1 cup uncooked rice
- 1 can mushroom soup
- 1 can onion soup
- 1 stalk celery, diced
- ¼ bell pepper, diced
- 2 cloves garlic, minced
- ¼ cup green onions, chopped
- ¼ cup parsley, chopped
- Salt, pepper and cayenne to taste

1. Combine all ingredients in a 2-quart casserole.
2. Cover tightly with aluminum foil.
3. Bake at 350°F for 1 hour.

Soupe de Maïs

- 1 oignon émincé
- 1 poivron émincé
- 6 oignons verts tranchés
- ½ tasse d'huile
- ½ tasse de farine
- 3 tasses d'eau
- 2 paquets grands de maïs surgelé
- 1 livre de saucisse, coupée en petit morceaux
- 5 grosses tomates émincées
- Sel, poivre noir et cayenne au goût

1. Faire un roux avec la farine et l'huile.
2. Incorporer l'oignon, poivron et oignons verts; et cuire environ 2 minutes jusqu'à fané.
3. Incorporer l'eau graduellement et porter à ébullition.
4. Ajouter maïs, saucisse, tomates et assaisonnement.
5. Réduire le feu et mijoter sans couvrir pendant 1 heure.
6. Remuer occasionnellement.

Corn Soup

- 1 onion, chopped
- 1 bell pepper, chopped
- 6 green onions, sliced
- ½ cup oil
- ½ cup flour
- 3 cups water
- 2 large packs frozen corn
- 1 pound sausage, cut in small pieces
- 5 large tomatoes, chopped
- Salt, black pepper and cayenne to taste

1. Make a roux with the flour and oil.
2. Add the onion, bell pepper and green onions and cook for about 2 minutes till wilted.
3. Gradually stir in the water and bring to a boil.
4. Add the corn, sausage, tomatoes and seasoning.
5. Reduce the heat and simmer uncovered for 1 hour.
6. Stir occasionally.

Crabes Étouffés

- ¼ poivron émincé
- ¾ céleri émincé
- 1 tasse d'oignon émincé
- 1 plaque de beurre
- 1 pinte chair de crabe
- 3 œufs légèrement battus
- ½ tasse miettes de cornflakes
- Sel, poivre rouge et noir au goût
- 8 à 12 coquilles de crabe nettoyées

1. Faire cuire les légumes dans le beurre jusqu'à ce sont tendre.
2. Ajouter la chair de crabe et les œufs.
3. Ajouter les miettes et réserver assez pour saupoudrer sur les coquilles.
4. Remplir les coquilles avec la mélange.
5. Saupoudrer les miettes reservées sur les coquilles.
6. Cuire au four sur une plaque 10 à 15 minutes à 350°F.

Stuffed Crabs

- ¼ chopped bell pepper
- ¾ cup chopped celery
- 1 cup chopped onion
- 1 stick butter
- 1 pint crabmeat
- 3 eggs, slightly beaten
- ½ cup cornflake crumbs
- Salt, black and red pepper to taste
- 8 – 12 cleaned crab shells

1. Cook the vegetables in the butter until tender.
2. Add the crabmeat and eggs.
3. Add the cornflake crumbs, reserving enough to sprinkle on top of the crab shells.
4. Place the mixture in crab shells.
5. Sprinkle the shells with the remaining cornflake crumbs.
6. Bake on a baking sheet at 350°F for 10 – 15 minutes.

Casserole d'Écrevisses de n'onc Pete

- 3 livres d'écrevisses, décortiquées et déveinées*
- 3 tiges de céleri émincé
- 3 plaques de beurre
- 3 petites oignons émincés
- ¼ tasse de farine
- 1 pinte de crème Half & Half™
- 1 livre de fromage Velveeta™
- 1 livre de nouilles à l'œuf cru
- Sel et poivre au goût

1. Sauter l'oignon et le céleri dans le beurre.
2. Quand tendre, ajouter la farine et les écrevisses.
3. Cuire 15 minutes à petit feu.
4. Ajouter la crème, fromage, sel et poivre.
5. Cuire encore 30 minutes.
6. Faire bouillir les nouilles.
7. Mélanger tout dans un moule.
8. Cuire au four 15 à 20 minutes à 350°F.

*Petit Mot: Les crevettes peut substituer les écrevisses.

N'onc Pete's Crawfish Casserole

- 3 pounds crawfish, peeled and deveined*
- 3 stalks celery, chopped
- 3 sticks butter
- 3 small onions, chopped
- ¼ cup flour
- 1 pint Half & Half™ cream
- 1 pound Velveeta™ cheese
- 1 pound raw egg noodles
- Salt and pepper to taste

1. Sauté the onion and celery in the butter.
2. When tender, add flour and crawfish.
3. Cook for 15 minutes on low fire.
4. Add cream, cheese, salt and pepper.
5. Cook for 30 minutes.
6. Boil noodles.
7. Mix all together in baking pan.
8. Bake at 350°F for 15 – 20 minutes.

*Note: Shrimp may be substituted for the crawfish.

Desserts

Desserts

Pâte à tarte

- 2 tasses de farine
- 1 paquet de fromage blanc nature
- 1 tasse de beurre ramolli

1. Dans un grand bol, mêler ensemble la farine et le beurre.
2. Incorporer le fromage blanc.
3. Faire 2 boules.
4. Les emballer en pellicule plastique et les mettre au réfrigérateur.
5. Sur une surface farinée, aplatir et étirer la pâte avec un rouleau.
6. Pour 2 pâtes.

Pie Crust

- 2 cups flour
- 1 3-ounce package of cream cheese
- 2 sticks softened butter

1. In a large bowl, mix the flour and the butter.
2. Blend in the cream cheese.
3. Form two balls.
4. Wrap in plastic wrap and chill.
5. On a floured surface, flatten and stretch the dough with a roller.
6. Makes 2 crusts.

Les Tortues de Grace

- 1 paquet de bonbons au caramel mou
- 2 cuillères à soupe de lait ou de l'eau
- 1 tasse de noix de pécan desséchées
- 1 paquet de 8 onces de chocolat à cuire, semi-sucré

1. Faire fondre les caramels dans un bol pour micro-ondes pour les rendre bien mous.
2. Ajouter les noix de pécan.
3. Faire geler par cuillerées pour quelques minutes.
4. Faire fondre le chocolat dans un bol pour micro-ondes.
5. Tremper les bonbons au caramel froids dans le chocolat.
6. Poser les bonbons trempés sur du papier sulfurisé pour environ 10 minutes.

Grace's Turtles

- 1 pack caramel soft candy
- 2 tablespoons milk or water
- 1 cup pecans, parched
- 1 8-ounce package semi-sweet baker's chocolate

1. Melt the caramel in a microwave-safe bowl until soft.
2. Add the pecans.
3. Freeze in spoonfuls for a few minutes.
4. Melt the chocolate in a microwave-safe bowl.
5. Dip the cold caramel candy into the chocolate.
6. Place dipped candy on waxed paper for about 10 minutes.

Gâteau aux Dattes et aux Noix

- 1 tasse ½ d'eau bouillante
- 2 cuillerées à café de levure artificielle
- 1 tasse ½ de sucre
- 2 tasses ¾ de farine
- 1 tasse de noix hachées
- 1 tasse de dates dénoyautées hachées
- 1 cuillère à soupe de beurre ramolli
- 1 œuf battu
- ½ cuillère à café de sel

1. Verser l'eau bouillante sur les dattes.
2. Ajouter la levure.
3. Laisser refroidît.
4. Ajouter le beurre, le sucre, l'œuf, la farine, le sel, et les noix.
5. Verser dans 2 moules à pain bien graissés et enfarinés.
6. Cuire au four à 325°F pendant 1 heure ½.

Date Nut Cake

- 1½ cups boiling water
- 2 teaspoons baking soda
- 1½ cups sugar
- 2 ¾ cups flour
- 1 cup chopped nuts
- 1 cup pitted dates, chopped
- 1 tablespoon butter, softened
- 1 egg, beaten
- ½ teaspoon salt

1. Pour boiling water over dates.
2. Add baking soda.
3. Let cool.
4. Blend in the butter, sugar, egg, flour, salt and nuts.
5. Pour into 2 greased and floured loaf pans.
6. Bake at 325°F for 1½ hours.

Pain de Bananes aux Noix

- 1 tasse de beurre
- 2 tasses de sucre
- 2 cuillères à café de vanille
- 2 cuillères à café de jus de citron
- 4 œufs
- 2 tasses de purée de bananes
- 3 tasses ½ de farine
- 2 cuillères à soupe de bicarbonate de soude
- 1 tasse de crème sure
- 1 tasse de noix hachées
- 1 cuillère à café de sel

1. Battre le beurre et le sucre.
2. Ajouter la vanille et le jus de citron.
3. Incorporer les œufs un à la fois.
4. Ajouter les bananes.
5. Dans un autre bol, mélanger la farine, le sel, le bicarbonate de soude.
6. Ajouter en alternance avec la crème sure au mélange de banane.
7. Incorporer les noix.
8. Verser dans 2 moules à pain graissé et fariné.
9. Faire cuire au four à 350°F pendant 55 minutes.

Banana Nut Bread

- 1 cup butter
- 2 cups sugar
- 2 teaspoons vanilla
- 2 teaspoons lemon juice
- 4 eggs
- 2 cups mashed bananas
- 3½ cups flour
- 2 tablespoons baking soda
- 1 cup sour cream
- 1 cup chopped nuts
- 1 teaspoon salt

1. Cream the butter and sugar.
2. Add vanilla and lemon juice.
3. Blend in eggs one at a time.
4. Add bananas.
5. In a separate bowl, mix the flour, salt, baking soda.
6. Add alternately with the sour cream to the banana mixture.
7. Fold in the nuts.
8. Pour into 2 greased and floured loaf pans.
9. Bake at 350°F for 55 minutes.

Gâteau aux Carottes

- 2 tasses de sucre
- 2 tasses de farine
- 2 cuillères à café de cannelle
- 1 tasse ½ d'huile
- 4 œufs
- 2 cuillères à café de bicarbonate de soude
- 1 cuillère à café de sel
- 3 tasses de carottes râpées

1. Mélanger les ingrédients secs.
2. Incorporer les œufs et l'huile, puis ajouter les carottes.
3. Verser dans 3 moules à gâteau graissés de 9 pouces.
4. Faire cuire au four à 350°F pendant 30 minutes.

Nappage et garniture
- 1 bloc de beurre
- 1 paquet de sucre glace
- 1 tasse de noix de pécan hachées
- 1 paquet de 8 onces de fromage blanc
- 1 cuillère à café de vanille

1. Battre le beurre et le fromage jusqu'à la consistance mousseuse.
2. Lentement, ajouter le sucre.
3. Battre bien.
4. Ajouter la vanille et les noix de pécan.
5. Répartir sur les couches refroidies.

Carrot Cake

- 2 cups sugar
- 2 cups flour
- 2 teaspoons cinnamon
- 1½ cups oil
- 4 eggs
- 2 teaspoons baking soda
- 1 teaspoon salt
- 3 cups grated carrots

1. Mix the dry ingredients.
2. Blend in the eggs and the oil, and then add the carrots.
3. Pour into 3 greased 9-inch cake pans.
4. Bake at 350°F for 30 minutes.

Filling and Icing
- 1 block of butter
- 1 box of confectioner's sugar
- 1 cup chopped pecans
- 1 8-ounce pack of cream cheese
- 1 teaspoon vanilla

1. Cream butter and cheese until fluffy.
2. Slowly add sugar.
3. Cream thoroughly.
4. Add vanilla and pecans.
5. Spread over cooled layers.

Tartes aux Noix de pécan

- 1 pâte à tarte
- 3 cuillères à soupe de beurre
- 1 cuillère à café de vanille
- ¾ tasse de sucre
- 3 œufs
- ¾ tasse de sirop Karo™ blanc
- ¼ tasse de miel
- pincée de sel
- ½ tasse des moitiés de noix de pécan (facultatif)
- 1 tasse ½ de noix de pécan hachées

1. Battre le beurre et le sucre.
2. Incorporer les œufs et le sel.
3. Ajouter le miel, le sirop, et la vanille.
4. Placez les noix de pécan hachées au fond de la pâte à tarte.
5. Verser le mélange sur les noix de pécan.
6. Placer les moitiés de noix de pécan sur le dessus.
7. Faire cuire au four à 350°F pendant 55 minutes.

Pecan Pie

- 1 pie crust
- 3 tablespoons butter
- 1 teaspoon vanilla
- ¾ cup sugar
- 3 eggs
- ¾ cup white Karo™ syrup
- ¼ cup honey
- pinch of salt
- ½ cup pecan halves (optional)
- 1½ cups chopped pecans

1. Cream the butter and sugar.
2. Blend in eggs and salt.
3. Add honey, syrup and vanilla.
4. Place the chopped pecans on the bottom of the pie crust.
5. Pour the mixture over the pecans.
6. Place the pecan halves on top.
7. Bake at 350°F for 55 minutes.

Petites Tartes aux Noix de pécan

Pâte à tarte:
- 1 paquet de 3 onces fromage blanc
- 1 bâton de beurre amolli
- 1 tasse farine

Garniture:
- ¾ tasse de noix de pécan hachées
- ¼ tasse de sucre brun
- 1 œuf
- 1 cuillère à soupe de beurre amolli

1. Mélanger le beurre et le fromage, et puis, incorporer la farine.
2. Mettre au froid pour à peu près une heure.
3. Former 2 douzaines de boulettes et placez dans des moules de muffins non-graissés.
4. Enfoncer la pâte sur les côtés et au fond.
5. Dans un bol, mélanger les noix de pécan, le sucre brun, et le beurre.
6. Mettre de la garniture dans chaque moule aux muffins rempli de pâte.
7. Faire cuire au four à 250°F de 15 à 20 minutes.

Mini Pecan Pies

Pie crust:
- 3-ounce pack of cream cheese
- 1 block softened butter
- 1 cup flour

Filling:
- ¾ cup chopped pecans
- ¼ cup brown sugar
- 1 egg
- 1 tablespoon soft butter

1. Blend butter and cheese, and then stir in the flour.
2. Chill about one hour.
3. Shape into 2 dozen balls and place in ungreased muffin tins.
4. Press dough on sides and bottom.
5. In a bowl, mix the pecans, brown sugar, and butter.
6. Place filling in each of the dough-filled muffin tins.
7. Bake at 250°F for 15 – 20 minutes.

Gâteau au Fromage

Pâte:
- 1 tasse de miettes de craquelins de Graham
- 3 cuillères de beurre amolli
- 3 cuillères à soupe de sucre

Garniture:
- ¾ tasse de sucre
- 3 œufs
- 1 cuillère à café de vanille
- 3 paquets à soupe de fromage blanc
- 2 cuillères à soupe de farine
- 2 cuillères à souple de lait

1. Dans un bol, mélanger les 3 premiers ingrédients et enfoncer au fond d'un moule à tarte de 9 pouces.
2. Faire cuire à 325°F pour 10 minutes.
3. Monter le four à 425°F.
4. Mélanger le fromage blanc, le sucre, et la farine.
5. Incorporez les œufs un à la fois, puis le lait et la vanille.
6. Verser dessus la pâte.
7. Faire cuire au four pour 10 minutes, puis baisser le four à 250°F et faire cuire pour encore 10 minutes.
8. Garnir de fraises fraîches, pêches, noix ou de la confiture de votre choix.

Cheese Cake

Crust:
- 1 cup graham cracker crumbs
- 3 tablespoons softened butter
- 3 tablespoons sugar

Filling:
- ¾ cup sugar
- 3 eggs
- 1 teaspoon vanilla
- 3 8-ounce packs of cream cheese
- 2 tablespoons flour
- 2 tablespoons milk

1. In a bowl, combine the first 3 ingredients and press into the bottom of 9-inch pie plate.
2. Bake at 325°F for 10 minutes.
3. Increase oven to 425°F.
4. Blend together the cream cheese, sugar and flour.
5. Blend in the eggs one at a time, then the milk and the vanilla.
6. Pour over the crust.
7. Bake for 10 minutes, then reduce oven to 250°F and bake for another 25 minutes.
8. Top with fresh strawberries, peaches, nuts or jam of your choice.

Gâteau aux Figues

- 1 quart de figues coupées
- 3 œufs
- 1 tasse de sucre
- ½ tasse de beurre ramolli
- 1 tasse de lait
- 1 cuillère à café de bicarbonate de soude
- 1 cuillère à café de levure chimique
- 1 cuillère à soupe de vinaigre
- 1 cuillère à café de muscade
- 1 cuillère à café de cannelle
- 2 tasses ½ de farine

1. Battre le beurre, les œufs, et le sucre.
2. Ajouter les figues et les ingrédients secs en alternance avec le lait et le vinaigre.
3. Mélanger bien.
4. Verser dans une moule à cheminée graissée.
5. Faire cuire au four à 375°F pendant une heure.
6. Vérifier avec un cure-dents avant d'enlever du four.

Fig Cake

- 1 quart chopped figs
- 3 eggs
- 1 cup sugar
- 1 stick softened butter
- 1 cup milk
- 1 teaspoon baking soda
- 1 teaspoon baking powder
- 1 tablespoon vinegar
- 1 teaspoon nutmeg
- 1 teaspoon cinnamon
- 2½ cups flour

1. Cream the butter, eggs and sugar.
2. Add the figs and dry ingredients, alternating with milk and vinegar.
3. Mix well.
4. Pour into oiled tube pan.
5. Bake at 375°F for 1 hour.
6. Test with a toothpick before removing from oven.

Délice de Pommes au gratin

- 6 à 8 pommes épluchées, coupées en tranches
- ¾ tasse de sucre brun
- ¾ tasse de farine
- ¼ cuillère à café de sel
- ¾ cuillère à café de noix hachées
- ¼ tasse de beurre amolli
- pincée de cannelle

1. Ranger les tranches de pomme dans un moule de tarte ou un moule carré.
2. Mélanger ensemble le sucre, la farine, le sel, les noix, et le beurre.
3. Étaler sur les pommes et saupoudrer avec de la cannelle.
4. Faire cuire à 350°F pour 1 heure.

Apple Crunch

- 6 – 8 apples, pared and sliced
- ¾ cup brown sugar
- ¾ cup flour
- ¼ teaspoon salt
- ¾ chopped nuts
- ¼ cup softened butter
- Pinch of cinnamon

1. Arrange apple slices in pie plate or square pan.
2. Mix together the sugar, flour, salt, nuts and butter.
3. Spread over the apples and sprinkle with cinnamon.
4. Bake at 350°F for 1 hour.

Fudge de Grace

- 1 tasse de sucre
- 2 tasses de lait
- 4 cuillères à soupe de poudre de cacao instantané, ou selon la couleur désirée
- ½ bâton beurre
- 2 tasses noix de pécan
- 1 cuillère à café de vanille

1. Dans une grande casserole, faire bouillir le sucre, le lait, et le cacao, jusqu'à ce qu'une boulette molle prenne forme dans l'eau.
2. Retirer du feu.
3. Incorporer la vanille, le beurre, et les noix de pécan.
4. Battre jusqu'à ce que le mélange sur les parois de la casserole devient sucré.
5. Étaler dans un moule graissé.
6. Couper en carrés à chaud.

Grace's Fudge

- 1 cup sugar
- 2 cups milk
- 4 tablespoons cocoa mix, or according to the desired color
- ½ stick butter
- 2 cups pecans
- 1 teaspoon vanilla

1. In a large saucepan, boil the sugar, the milk and the cocoa, until a soft ball forms in water.
2. Remove from the fire.
3. Stir in the vanilla, the butter and the pecans.
4. Beat until the mixture on the sides of the pot become sugary.
5. Spread into a greased pan.
6. Cut into squares while warm.

Pralines

- 4 tasses de sucre
- 1 boîte de lait condensé
- 1 tasse de sirop blanc de maïs
- 1 tasse de d'eau
- ¾ d'un bâton de beurre
- 1 cuillère à café de vanille
- 4 tasses de noix de pécan hachées

1. Dans une grande casserole, mélanger le sucre, le lait, et le sirop en remuant constamment.
2. Faire cuire à ébullition douce ou jusqu'à ce qu'une petite quantité prenne la forme d'une boule quand plongée dans l'eau glacée, mais s'aplatisse quand ramassé avec les doigts.
3. Retirer du feu.
4. Ajouter le beurre, la vanille, et les noix de pécan.
5. Remuer jusqu'à ce que le mélange ne brille plus, puis posez sur le papier sulfurisé par cuillérées.

Pralines

- 4 cups sugar
- 1 can condensed milk
- 1 cup white corn syrup
- 1 cup water
- ¾ stick butter
- 1 teaspoon vanilla
- 4 cups chopped pecans

1. In a large pot, mix the sugar, milk, and syrup and stir constantly.
2. Cook to a soft boil or until a small amount forms a ball when dropped into chilled water, but flattens when picked up with the fingers.
3. Remove from the fire.
4. Add the butter, vanilla and pecans.
5. Stir until the mixture no longer shines; then spoon on waxed paper.

Gâteau au Sirop

- 1 tasse de sucre
- 1 tasse de sirop
- 3 œufs
- 1 tasse de huile
- 2 cuillères de café de bicarbonate de soude
- 1 tasse d'eau chaude
- 1 tasse de noix hachée (facultatif)
- 2 tasses de farine
- 2 cuillères de café de cannelle

1. Mêler ensemble le sucre, le sirop, et les œufs.
2. Ajouter l'huile.
3. Dans un autre bol, mêler le bicarbonate de soude et l'eau.
4. Ajouter ces deux au mélange de sucre, de sirop, des œufs, et d'huile.
5. Incorporer les noix.
6. Ajouter la farine et la cannelle.
7. Verser dans un moule graissé.
8. Faire cuire à 350°F pour 1 heure ou jusqu'à ce qu'un cure-dent en ressorte propre.

Syrup Cake

- 1 cup sugar
- 1 cup syrup
- 3 eggs
- 1 cup oil
- 2 teaspoons baking soda
- 1 cup hot water
- 1 cup chopped nuts (optional)
- 2 cups flour
- 2 teaspoons cinnamon

1. Mix the sugar, syrup and the eggs.
2. Add the oil.
3. In another bowl, mix the baking soda and water.
4. Add this to the sugar-syrup-egg-oil mixture.
5. Stir in the nuts.
6. Add the flour and cinnamon.
7. Pour into a greased baking pan.
8. Bake at 350°F for 1 hour or until a toothpick comes out clean.

Gâteau au Sirop à Mom P

- 2 tasses de sirop de canne pur
- ½ tasse d'huile de maïs
- 3 tasses de farine
- ½ tasse de raisins secs, mélangés avec un peu de farine
- 1 tasse d'eau bouillante
- 3 cuillères de café de bicarbonate de soude
- 1 cuillère de café de vanille
- 1 tasse de noix hachée

1. Dans un saladier, mélanger le sirop et l'huile.
2. Dans un autre bol, mélanger le bicarbonate de soude et la farine avec de l'eau bouillante et ajoutez au mélange de sirop et d'huile.
3. Incorporer les raisins secs, les noix et la vanille.
4. Verser dans un moule graissé.
5. Faire cuire au 300°F pour 1 heure ou jusqu'à ce qu'un cure-dent en ressorte propre.
6. Servir chaud avec de la crème fouettée.

Mom P's Syrup Cake

- 2 cups pure cane syrup
- ½ cup corn oil
- 3 cups flour
- ½ cup raisins, mixed with a little flour
- 1 cup boiling water
- 3 teaspoons baking soda
- 1 teaspoon vanilla
- 1 cup chopped nuts

1. In a large bowl, mix the syrup and oil.
2. In another bowl, combine the baking soda and flour with the boiling water and add to the syrup and oil mixture.
3. Blend in the raisins, nuts and vanilla.
4. Pour into a greased pan.
5. Bake at 300°F for 1 hour or until a toothpick comes out clean.
6. Serve warm or hot with whipped cream.

Pudding au Pain du Four à Micro-ondes

- 3 tasses de pain, en cubes
- 1 tasse de sucre
- 1 cuillère à café de vanille
- ½ cuillère à café de cannelle
- ¼ tasse de beurre fondu
- 1 tasse ½ de lait évaporé
- 3 œufs, légèrement battus
- ½ cuillère à café de sel
- ½ tasse raisins de secs

1. Dans une casserole d'un demi-galon, mélanger les cubes de pain et du lait.
2. Laisser reposer pendant 10 minutes, puis, incorporer les autres ingrédients.
3. Placer la casserole dans le four sur un moule à tarte renversé.
4. Faire cuire au four à micro-ondes à 70% de 10 à 12 minutes, ou jusqu'à ce qu'un couteau inséré au centre en ressorte propre.

Micro Bread Pudding

- 3 cups bread cubes
- 1 cup sugar
- 1 teaspoon vanilla
- ½ teaspoon cinnamon
- ¼ cup melted butter
- 1½ cups evaporated milk
- 3 eggs, slightly beaten
- ½ teaspoon salt
- ½ cup raisins

1. In a 2-quart casserole, combine the bread cubes and milk.
2. Let stand for 10 minutes, and then stir in the remaining ingredients.
3. Place the casserole in the microwave on an inverted pie plate.
4. Microwave at 70% for 10 – 12 minutes, or until a knife inserted in the center comes out clean.

Gâteau aux Pommes

- 2 tasses de sucre
- 1 tasse ½ de l'huile végétale
- 2 œufs
- 3 tasses de farine
- 2 cuillères à café de bicarbonate de soude
- ½ cuillère à café de sel
- 1 cuillère à café de vanille
- 1 tasse de noix de pécan hachées
- 4 tasses de pommes, épluchées et coupées en tranches

1. Dans un grand bol, mélanger le sucre et l'huile.
2. Incorporer les œufs.
3. Ajouter la farine, le bicarbonate de soude et le sel.
4. Mélanger bien.
5. Mélanger la vanille, les noix de pécan, et les pommes.
6. Verser dans un moule non graissé.
7. Faire cuire à 350°F pendant 1 heure et 15 minutes.

Nappage (facultatif)
- 1 tasse de sucre glace
- 2 cuillères à café de lait
- 1 cuillère à café de vanille

1. Mélanger le sucre, le lait, et la vanille dans un petit bol.
2. Étaler sur le gâteau.

Apple Cake

- 2 cups sugar
- 1½ cups vegetable oil
- 2 eggs
- 3 cups flour
- 2 teaspoons baking soda
- ½ teaspoon salt
- 1 teaspoon vanilla
- 1 cup chopped pecans
- 4 cups apples, pared and sliced

1. In a large bowl, combine the sugar and the oil.
2. Stir in the eggs.
3. Add the flour, baking soda and salt.
4. Mix well.
5. Blend in the vanilla, pecans and apples.
6. Pour into an ungreased baking pan.
7. Bake at 350°F for 1 hour and 15 minutes.

Icing (optional)
- 1 cup confectioner's sugar
- 2 teaspoons milk
- 1 teaspoon vanilla

1. Combine the sugar, milk and vanilla in a small bowl.
2. Spread over the cake.

Muffins aux Figues
(Petits gâteaux Pooh-Pooh)

- 2 tasses Bisquick™
- 1 tasse sucre
- 1 cuillère à café ½ cannelle
- ½ cuillère à café muscade
- ½ cuillère à café clous de girofle
- 2 tasses de figues en conserves
- 2 œufs
- 1 cuillère à café vanille
- 4 cuillères à table beurre
- 1 tasse lait

1. Dans un saladier, mélanger le Bisquick, le sucre, et les épices, puis mettez à côté.
2. Dans un autre bol, mélanger les figues, les œufs, la vanille, le beurre, et le lait.
3. Ajouter le mélange de figues au mélange de Bisquick et incorporer bien.
4. Verser aux moules de muffins beurrés.
5. Faire cuire à 350°F pour 30 à 35 minutes.

Fig Muffins
(Pooh-Pooh Muffins)

- 2 cups Bisquick™
- 1 cup sugar
- 1½ teaspoons cinnamon
- ½ teaspoon nutmeg
- ½ teaspoon cloves
- 2 cups fig preserves
- 2 eggs
- 1 teaspoon vanilla
- 4 tablespoons butter
- 1 cup milk

1. In a large bowl, mix the Bisquick, sugar and spices and set aside.
2. In another bowl, blend together the figs, eggs, vanilla, butter and milk.
3. Add the fig mixture to the Bisquick mixture and blend well.
4. Drop into buttered muffin pans.
5. Bake at 350°F for 30 – 35 minutes.

Gâteau de Livre de Maman
(Quatre quarts de Maman)

- 2 tasses farine
- 2 tasses sucre
- 1 tasse beurre amolli
- 2 cuillères de table jus de citron
- 6 œufs

1. Dans un saladier, mélanger le sucre et le beurre.
2. Incorporer les ingrédients ci-dessous dans cet ordre:
   - 1 œuf, mélanger.
   - ⅓ tasse farine, mélanger.
   - 1 œuf, mélanger.
   - ⅓ tasse farine, mélanger.
   - 1 œuf, mélanger.
   - ⅓ tasse farine, mélanger.
   - 1 œuf, mélanger.
   - ⅓ tasse farine, mélanger.
   - 1 œuf, mélanger.
   - ⅓ tasse farine, mélanger.
   - 1 œuf, mélanger.
   - ⅓ tasse farine, mélanger.
3. Ajouter le jus de citron et mélanger bien.
4. Verser dans un moule de pain graissé.
5. Faire cuire au four à 350°F pour 1 heure.

Momma's Pound Cake

- 2 cups flour
- 2 cups sugar
- 2 sticks softened butter
- 2 tablespoons lemon juice
- 6 eggs

1. In a large bowl, mix the sugar and the butter.
2. Blend in the following ingredients in this order:
   - 1 egg, blend.
   - ⅓ cup flour, blend.
   - 1 egg, blend.
   - ⅓ cup flour, blend.
   - 1 egg, blend.
   - ⅓ cup flour, blend.
   - 1 egg, blend.
   - ⅓ cup flour, blend.
   - 1 egg, blend.
   - ⅓ cup flour, blend.
   - 1 egg, blend.
   - ⅓ cup flour, blend.
3. Add the lemon juice and mix well.
4. Pour into a greased loaf pan.
5. Bake at 350°F for 1 hour.

Brownies de Grace

- 1 tasse ¼ de beurre ramolli
- ¾ tasse + 1 cuillère à soupe de cacao en poudre
- 4 œufs
- 1 cuillère à café de l'extrait de vanille
- 2 tasses ¼ de sucre
- 2 tasses de farine
- 1 tasse de noix coupées

1. Dans un grand bol, mêler ensemble tous les ingrédients.
2. Verser dans une moule graissée.
3. Faire cuire à 350°F pendant 30 à 35 minutes.

Glace (facultative)
- ½ boîte de sucre glace
- 2 cuillères à soupe de poudre de cacao
- 4 cuillères à soupe de lait concentré
- 2 cuillères à soupe de beurre fondu

1. Mêler ensemble.
2. Glacer les brownies pendant qu'elles soient toujours chaudes.

Grace's Brownies

- 2½ sticks softened butter
- ¾ cups + 1 tablespoon cocoa
- 4 eggs
- 1 teaspoon vanilla
- 2¼ cups sugar
- 2 cups flour
- 1 cup chopped nuts

1. In a large bowl, combine all of the ingredients.
2. Pour into a greased baking pan.
3. Bake at 350°F for 30 – 35 minutes.

Glaze (optional)
- ½ box confectioner's sugar
- 2 tablespoons cocoa
- 4 tablespoons evaporated milk
- 2 tablespoons melted butter

1. Combine together.
2. Spread over brownies while still hot.

Tourte aux Pêches

- 1 tasse de sucre
- 1 tasse de farine
- 2 cuillères à café de levure chimique
- 1 tasse de lait
- ½ tasse de beurre fondu
- 1 grande boîte de tranches de pêche en conserve*

1. Mêler ensemble le sucre, la farine, et la levure chimique.
2. Incorporer le lait.
3. Ajouter le beurre.
4. Verser dans une moule à tarte.
5. Verser les pêches là-dessus et mélanger un petit peu.
6. Faire cuire au four pendant 1 heure.

*Petit mot: N'importe quelle fruit en conserve peut remplacer les pêches.

Peach Cobbler

- 1 cup sugar
- 1 cup flour
- 2 teaspoons baking powder
- 1 cup milk
- 1 stick melted butter
- 1 large can sliced peaches*

1. Combine the sugar, flour, and the baking powder.
2. Stir in the milk.
3. Add the butter.
4. Pour into a pie plate.
5. Pour the peaches on top and mix a little bit.
6. Bake at 350°F for 1 hour.

*Note: Any other canned fruit may be substituted.

Tarte aux Raisins secs

* 1 tasse de raisins secs
* 1 tasse de sucre
* 2 tasses ¾ d'eau
* 4 cuillères à soupe ½ de farine
* 2 cuillères à soupe de jus de citron
* 2 cuillères à soupe de beurre
* 1 cuillère à soupe d'extrait de vanille
* 2 pâtes à tarte

1. Dans une casserole, ajouter les raisins secs, ½ tasse de sucre, et 2 tasses ½ de l'eau.
2. Porter à ébullition puis baisser le feu.
3. Faire cuire jusqu'à ce que les raisins soient tendres.
4. Dans un bol à part, mêler la farine, ½ tasse de sucre, ¼ tasse d'eau froide.
5. Ajouter ces ingrédients au mélange de raisin quand il soit cuit à la bonne consistance.
6. Enlever du feu.
7. Incorporer le jus de citron, le beurre, et la vanille.
8. Verser dans la pâte à tarte d'en dessous.
9. Recouvrir avec la pâte à tarte d'en haut.
10. Fermer les bords et couper des trous dans la pâte à tarte d'en haut.
11. Faire cuire au four à 425°F de 30 à 35 minutes.

Raisin Pie

- 1 cup raisins
- 1 cup sugar
- 2¾ cups water
- 4½ tablespoons flour
- 2 tablespoons lemon juice
- 2 tablespoons butter
- 1 tablespoon vanilla
- 2 pie crusts

1. In a saucepan, add the raisins, ½ cup sugar and 2½ cups water.
2. Bring to a boil and then lower the fire.
3. Cook until the raisins are tender.
4. In a separate bowl, mix the flour, ½ cup sugar, ¼ cup cold water.
5. Add this to the raisin mixture when cooked to the right consistency.
6. Remove from heat.
7. Stir in the lemon juice, butter and vanilla.
8. Pour into bottom piecrust.
9. Cover with top crust.
10. Seal edges, and cut slits in the top crust.
11. Bake at 425°F for 30 – 35 minutes.

Lagniappe

Lagniappe

Okra Étouffé

- 1 gros oignon émincé
- 1 grosse tomate pelée et émincée
- ½ tasse d'huile
- 2 livres d'okra frais coupé en tranches de ½ pouce
- Sel, poivre noir et cayenne au goût

1. Sauter dans l'huile environ 2 minutes l'oignon et la tomate.
2. Ajouter l'okra et remuer bien.
3. Couvrir la casserole partiellement.
4. Faire cuire à feu moyen pendant 30 à 40 minutes.
5. Ajouter l'assaisonnement.

Smothered Okra

- 1 large onion, chopped
- 1 large tomato, peeled and chopped
- ½ cup oil
- 2 pounds fresh okra, sliced in ½ inch slices
- Salt, black pepper and cayenne to taste

1. Sauté the onion and tomato in the oil for about 2 minutes.
2. Add the okra and stir well.
3. Partially cover the pot.
4. Cook on medium heat for about 30 – 40 minutes.
5. Add the seasoning.

Haricots Verts

- 1 livre d'haricots verts, coupés en morceaux 1 pouce de longueur
- 1 oignon émincé
- 2 gousses d'ail émincé
- ½ petite cuillère d'origan
- 1 feuille de laurier
- 2 tranches de bacon coupées en petits morceaux
- ¼ tasse d'eau
- Sel et poivre au goût

1. Poser les haricots, l'oignon, l'ail, origan, feuille de laurier et bacon dans un poêlon.
2. Ajouter l'eau, couvrir partiellement et faire cuire à feu moyen environ 20 minutes, ou jusqu'à les haricots deviennent tendre.*
3. Assaisonner et remuer.

*Petit Mot: On peut cuire ceci à la micro-onde. Poser tout dans un plat pour micro-ondes, couvrir et cuire à haut température environ 10 minutes, ou selon indications des micro-ondes.

String Beans

- 1 pound string beans, cut in 1-inch lengths
- 1 onion, chopped
- 2 cloves garlic, minced
- ½ teaspoon oregano
- 1 bay leaf
- 2 strips bacon, cut into small pieces
- ¼ cup water
- Salt and pepper to taste

1. Place the string beans, onion, garlic, oregano, bay leaf, and bacon into a heavy pot.
2. Add the water and cook on a medium fire, partially covered, for about 20 minutes, or until the beans are tender.*
3. Add the seasoning and stir.

*Note: This may be cooked in a microwave. Place everything in a microwaveable dish, cover and cook on high for about 10 minutes, or according to the microwave instructions.

Maque Choux
(Pot-au-feu de Maïs et Tomates)

- 12 épis de maïs frais, spathe, nettoyés et égrenés
- 1 oignon émincé
- 1 poivron émincé
- 1 ou 2 tomates émincées
- 3 cuillères à soupe d'huile végétale
- Sel, poivre et cayenne au goût

1. Poser l'huile dans un poêlon.
2. Puis, ajouter le maïs, l'oignon, poivron, tomates et assaisonnement.
3. Couvrir à feu doux environ 20 à 25 minutes.
4. Remuer occasionnellement.

Maque Choux
(Stewed Corn and Tomatoes)

- 12 ears of fresh corn, shucked, cleaned and sliced off cob
- 1 onion, chopped
- 1 bell pepper, chopped
- 1 or 2 tomatoes, chopped
- 3 tablespoons vegetable oil
- Salt, pepper and cayenne to taste

1. Place oil in heavy pot.
2. Then add corn, onion, pepper, tomatoes, and seasoning.
3. Smother on low fire for about 20 – 25 minutes.
4. Stir occasionally.

Courge au Four

- 1 grosse courge sans pépins coupée en morceaux
- ¼ tasse de jus d'orange
- ¼ tasse de beurre fondu
- ¼ petite cuillère de sel
- ½ tasse de sucre roux
- ¼ tasse de raisins secs
- ½ tasse de noix de pécan émincées
- Optionnel: nappage de guimauves blanches

1. Faire bouillir la courge jusqu'à moelleux et retirer la pulpe.*
2. Dans un bol, mélanger tout, sauf les guimauves, jusqu'à onctueux.
3. Poser dans une casserole.
4. Cuire au four à 350°F pendant 20 à 25 minutes.
5. Si on l'ajoute les guimauves, faire cuire au four encore 5 minutes à 400°F jusqu'aux guimauves brunit.

*Petit Mot: Utiliser l'écorce de la courge finement émincée pour faire une soupe.

Baked Squash

- 1 large squash, cut in pieces, seeds removed
- ¼ cup orange juice
- ¼ cup butter, melted
- ¼ teaspoon salt
- ½ cup brown sugar
- ¼ cup raisins
- ½ cup chopped pecans
- White marshmallows for topping, optional

1. Boil the squash in water until soft, and remove the pulp.*
2. Mix everything except the marshmallows in a bowl until smooth.
3. Place in a casserole.
4. Bake at 350°F for 20 – 25 minutes.
5. Add the marshmallows, and bake at 400°F for about 5 minutes, until the marshmallows are brown.

*Note: The rind of the squash can be chopped very fine and used in a soup.

Gruau de Maïs

- 3 tasses d'eau
- ½ petite cuillère de sel
- 1 tasse semoule de maïs
- 2 cuillères à soupe de beurre

1. Porter l'eau à ébullition dans un poêlon.
2. Ajouter sel et beurre.
3. Incorporer la semoule et remuer.
4. Réduire le feu.
5. Couvrir et mijoter 35 minutes à feu doux remuant occasionnellement.
6. Servir avec beurre ou sauce au jus de viande.

Grits

- 3 cups water
- ½ teaspoon salt
- 1 cup grits
- 2 tablespoons butter

1. Bring the water to a boil in a heavy saucepan.
2. Add the salt and butter.
3. Add the grits, and stir.
4. Lower the heat.
5. Cover and cook on low for 35 minutes, stirring occasionally.
6. Serve with butter or gravy.

Tranches d'Aubergine

- 1 grosse aubergine
- 2 à 3 cuillères à soupe d'huile végétale
- 1 petite cuillère de sucre

1. Laver et peler l'aubergine et puis couper en tranches de ¼ pouce.
2. Tremper dans l'eau salée quelques minutes.
3. Quand c'est prêt à frire, égoutter et essuyer.
4. Faire chauffer l'huile et frire les tranches d'un côté jusqu'à brunir.
5. Tourner avec une fourchette et cuire à cœur.
6. Essuyer avec papier absorbant et saupoudrer avec sucre.
7. Servir dans un plateau.

Eggplant Slices

- 1 large eggplant
- 2 – 3 tablespoons vegetable oil
- 1 teaspoon sugar

1. Wash, peel and cut the eggplant into ¼-inch slices.
2. Soak in salted water for a few minutes.
3. When ready to fry, drain and pat dry.
4. Heat the oil and fry the slices on one side till brown.
5. Turn them over with a fork and cook through.
6. Drain on paper towels and sprinkle with sugar.
7. Serve on a platter.

Les Grattons de n'onc Pete

- 1 litre de saindoux ou d'huile
- 10 livres de porc gras avec la peau, coupé en morceaux de 1 pouce
- Sel au goût

1. Dans une casserole en fonte, faire chauffer le saindoux.
2. Ajouter les morceaux de porc.
3. Remuer souvent pour prévenir que ça se colle.
4. Lorsque les morceaux commencent à flotter et se brunir, retirer avec une écumoire et égoutter sur papier absorbant.
5. Arrêter le feu.
6. Saupoudrer les morceaux avec sel tant qu'ils sont encore chauds.*

*Petite Mot: C'est délicieux quand frais, mais on peut le garder dans un récipient hermétique quelques jours. Toutefois c'est un projet sale, alors préparez-vous pour les éclaboussures d'huile.

N'onc Pete's Cracklings
(Grattons)

- 1 quart lard or oil
- 10 pounds pork fat with the skin, cut into 1-inch pieces
- Salt to taste

1. Heat the lard in a large, cast iron pot.
2. Add the pork pieces.
3. Stir often to prevent sticking.
4. When the pieces start to float and turn brown, remove them with a slotted spoon and drain on a paper towel.
5. Turn off the fire.
6. Sprinkle the pieces with salt while still hot.*

*Note: This is delicious fresh, but it can be stored in a tight container for a few days. However, this is a messy project, so be prepared for popping oil and splatters.

Pain de Maïs

- 1 tasse semoule de maïs
- ¼ tasse de sucre (optionnel)
- ½ petite cuillère de sel
- 1 œuf
- 1 tasse de farine
- 4 petites cuillères de poudre à lever
- 1 tasse de lait
- 2 cuillères à soupe de beurre fondu

1. Combiner la semoule, farine, sel, sucre et poudre à lever.
2. Ajouter lait, œuf et beurre. Battre environ 1 minute.
3. Verser dans un moule graissé carré de 8 pouces.
4. Cuire au four 20 à 25 minutes à 425°F.
5. Servir avec sirop pour petit déjeuner ou un diner léger.

Corn Bread

- 1 cup cornmeal
- ¼ cup sugar (optional)
- ½ teaspoon salt
- 1 egg
- 1 cup flour
- 4 teaspoons baking powder
- 1 cup milk
- 2 tablespoons melted butter

1. Combine cornmeal, flour, salt, sugar and baking powder.
2. Add milk, egg and butter. Beat about 1 minute.
3. Pour into greased, 8-inch square baking pan.
4. Bake at 425°F for 20 – 25 minutes.
5. Serve with syrup at breakfast or for an easy supper.

Couscous à la Cajun

- 1 tasse semoule de maïs
- ½ petite cuillère de sel
- Assez d'eau pour mouiller
- 2 cuillères à soupe d'huile végétale

1. Faire chauffer l'huile dans une casserole en fonte ou une poêle à frire.
2. Ajouter le reste des ingrédients et remuer.
3. La semoule de maïs doive former une croûte au fond de la casserole.
4. Gratter le fond et remuer encore.
5. Couvrir et éteindre le feu.
6. Servir dans un bol à céréale avec sirop et lait froid.

Couscous Cajun Style

- 1 cup cornmeal
- ½ teaspoon salt
- Enough water to dampen
- 2 tablespoons vegetable oil

1. Heat the oil in a cast iron pot or skillet.
2. Add the rest of the ingredients and stir.
3. The cornmeal should form a crust on the bottom of the pot.
4. Scrape the bottom and stir some more.
5. Cover and turn off the heat.
6. Serve in a cereal bowl with syrup and cold milk.

Confiture de Figues

- 6 tasses de figues crus
- 1 livre de sucre
- ½ tasse d'eau

1. Laver et couper les figues.
2. Mettre les figues, le sucre et l'eau dans une grande casserole.
3. Faire cuire à petit feu entre 3 à 4 heures.
4. Soigneusement retirer le fruit et mettre en bocaux pour chaud.
5. Remplir les bocaux avec le sirop brulant.
6. Faire bouillir dans l'eau, les bocaux remplis, pendant 10 minutes.
7. Réfrigérer la confiture dès que le scelle c'est brisé.

Préparation de Bocaux:
1. Faire bouillir les bocaux en assez d'eau pour couvrir-les.
2. Poser les couvercles plats dans une petite casserole d'eau.
3. Faire bouillir les couvercles et puis éteindre le feu.

Fig Preserves

- 6 cups raw figs
- 1 pound sugar
- ½ cup water

1. Wash and trim the figs.
2. Place figs, sugar and water in a large pot.
3. Cook over very low heat for 3 – 4 hours.
4. Carefully remove the fruit and pack in hot containers.
5. Fill the containers with the boiling hot syrup.
6. Process the containers for 10 minutes in boiling water.
7. Refrigerate the jam once the seal is broken.

Preparing the Jars:
1. Boil the jars in enough water to cover.
2. Place the flat lids in a small pot of water.
3. Boil them and then turn off the heat.

Confiture de Mûres

- 5 tasses de mûres
- 5 tasses de sucre
- 2 cuillères à soupe jus de citron
- 1 pincé du sel

1. Laver les mûres.
2. Combiner les mûres, sucre, jus de citron et sel dans un poêlon.
3. Bouillir à gros bouillons.
4. Cuire en remuant fréquemment pour 15 à 20 minutes.
5. Remplir, avec la mixture, les bocaux à chaude stérilisés. Laisser vide ¼ de pouce au top des bocaux et sceller.
6. Faire bouillir dans l'eau, les bocaux remplis, pendant 10 minutes.
7. Réfrigérer la confiture dès que le scelle c'est brisé.

Préparation de Bocaux:
1. Faire bouillir les bocaux en assez d'eau pour couvrir-les.
2. Poser les couvercles plats dans une petite casserole d'eau.
3. Faire bouillir les couvercles et puis éteindre le feu.

Blackberry Preserves

- 5 cups blackberries
- 5 cups sugar
- 2 tablespoons lemon juice
- 1 pinch salt

1. Wash the blackberries.
2. Combine the blackberries, sugar, lemon juice and salt in a heavy pot.
3. Bring to a rolling boil.
4. Cook and stir frequently for 15 – 20 minutes.
5. Fill hot, sterile jars with the mixture. Leave about ¼ inch from the top and seal.
6. Process the filled jars for 10 minutes in a hot water bath.
7. Refrigerate the jam once the seal is broken.

Preparing the Jars:
1. Boil the jars in enough water to cover.
2. Place the flat lids in a small pot of water.
3. Boil them and then turn off the heat.

La Cuisinière

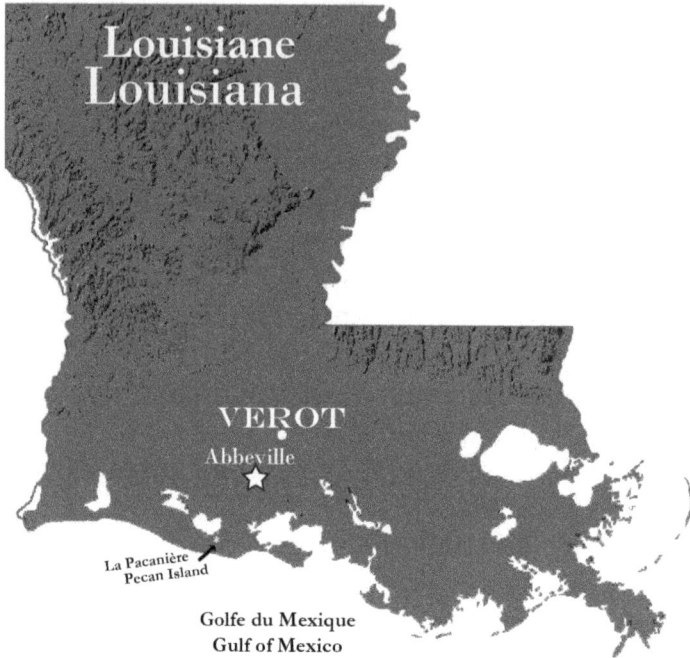

Louisiane
Louisiana

VEROT
Abbeville

La Pacanière
Pecan Island

Golfe du Mexique
Gulf of Mexico

Marie Grace BROUSSARD est née en Verot,
en Louisiane, au cœur du pays acadien,
où la cuisine est si bonne,
qu'il fait manger un plaisir céleste !
Elle a épousé George Veazey de La Pacanière,
et il était son plus grand fan culinaire.

The Cook

GRACE BROUSSARD VEAZEY
née
Marie Grace Broussard

Marie Grace Broussard was born in Verot,
Louisiana, the heart of Cajun Country,
where the cooking is so good,
that it makes eating a heavenly pleasure!
She married George Veazey from Pecan Island,
and he was her greatest culinary fan.

Quelques mots à propos de la Cuisinière

Grace était aussi bonne cuisinière quotidienne que Mom P, mais meilleure cuisson. Elle avait la mieux sauce au crabe que je n'ai jamais gouté. Personne ne pouvait l'abattre avec gâteaux et biscuits. George Clyde pouvait manger ses pooh-pooh muffins à la douzaine.

...Manning J. Broussard, alias N'onc Pete, frère

Papa était le frénétique chez nous; alors quand des invités seraient arrivés, toujours lui dit bonjour à papa en première. Maman en prenait charge: «Salut, George ! --- Allez-vous à..., Grace.»

...George Clyde Veazey, alias Chachai, fils

Mes premières mémoires de l'habilité en cuisine de maman étaient dites à mes frères et moi en sec, pragmatique façon qu'uniquement maman pouvait accomplir. Quand maman et papa se sont mariés, elle travaillait beaucoup en la préparation de son premier petit-déjeuner pour un homme marié, et n'importe quel bon déjeuner y compris biscuits. Tragiquement, elle n'avait pas maîtrisé l'art de la cuisson et les biscuits étaient un peu durs. Papa, avec sa propre bon nature mais de façon vive, lançait le palet biscuits contre le mur pour voir si rebondirent. Pour l'effroi de maman ils l'on fait. Même que papa a regrettait l'incident pour le reste de sa vie naturel, nous les enfants avions obtenu des grands bénéfices après les résultats, puisque maman est devenue la meilleure cuisinière de la zone, de loin. Je suis encore émerveillé de la forme en là qu'elle arrivait à maîtriser autant épicuriennes compétences. Elle pouvait faire de la cuisson, griller, rôtir, pocher, braiser, sauter ou frire n'importe quel plat, et pendant tout ce temps elle poursuivra simultanées multilingues conversations avec les anglophones enfants et les francophones adultes. Peu importe où nous était allé ou ce que on mangeait, constamment elle analysait la nourriture qu'on consumait et, si ça était comestible, elle était capable de la faire appétissant; si ça était appétissant, elle

A Few Words about the Cook

Grace was as good as Mom P in regular cooking, but better in baking. She had the best crab dip I have ever eaten. Couldn't be beat in cakes and cookies. George Clyde would eat her pooh-pooh muffins by the dozen.

...Manning J. Broussard, AKA N'onc Pete, brother

Daddy was the manic one; so when company would arrive, they always greeted him first. Momma's take on it: "Hello, George! --- Go to s..., Grace."

...George Clyde Veazey, AKA Chachai, son

My earliest memories of Momma's cooking skills were told to my siblings and me in a dry, matter-of-fact manner that only Momma could accomplish. When she and Daddy were first married, she worked hard to prepare him his first breakfast as a married man; and any proper breakfast included biscuits. Tragically, she had not mastered the art of baking and the biscuits were a little tough. Daddy, in his own good-natured yet mean-spirited manner, tossed the hockey puck biscuits against the wall to see if they would bounce. To Momma's horror, they did. Although Daddy regretted the incident the rest of his natural life, we children all greatly benefitted from the results, since Momma became the best cook in the area by far. I still marvel at how she was able to master so many epicurean skills. She could bake, broil, roast, poach, braise, sauté or fry any dish, all the while carrying on a simultaneous multilingual conversations with the English speaking children and the French speaking adults. No matter where we went or ate, she constantly analyzed the food we consumed and, if it was edible, she was able to make it appetizing; if it was appetizing, she was able to make it delicious and if it was delicious, she was able to make it mouthwatering. Although, with all her skills, she never mastered gaspergou – that nasty trash fish aka *Aplodinotus grunniens*, I believe it was a fish of the devil.

...Mike Veazey, AKA Tee Mike, son

était capable de la faire délicieux; and si ça était délicieux, elle était capable de la faire mettre l'eau à la bouche. Malgré tous ses habilitées, elle n'a jamais maîtrisé gasperou – ce dégoûtant poisson d'ordures, alias *Aplodinotus grunniens*, je pense que ça était un poisson du diable.

...Mike Veazey, alias T Mike, fils

Papa était un homme de gadget et achetait maman un robot de cuisine entre autres aides à cuisiner, mais le mot «haché» avait un significat différent pour maman parce qu'elle coupait toujours à la main les légumes, en tranches d'égale précision, et le robot-cuisine restait au coin observant avec envie.

...Patricia Veazey Alvarado, alias Pétunia, fille

Maman était une cuisinière fantastique. Qui d'autre aurait peu pris chaudin, tripe, langue de vache, «débris», huître de montagne et faire un plat savoureux et tout à fait comestible? Je ne sais même pas comme commencer à cuisiner ça ou si je voudrais le faire. Elle cuisinait tout ce que Papa avait intérêt pour goûter et nous étions ravis de goûter aussi. Une conversation typique à l'heure de dîner: «Maman, tu as fait beaucoup à manger» ... «Bon, je ne veux pas tout le monde regardant l'un à l'autre.»

...Barbara Veazey Kinnard, alias Prunella, fille

Très souvent, nos amis passaient chez nous et soupaient ou dînaient avec nous, et la quantité de plats que maman posait sur la table était surprenante pour eux. Elle commentait: «Je ne veux pas que vous rentriez chez vous en disant votre mère que ne lui est pas nourrie.»

...Frances Veazey Angers, alias Penelope, fille

Le gâteau aux pommes de maman était superbe, il y avait une noix de pécan dans chaque bouchée !

...P.J. Veazey, alias Judy Babe, fils

Mme Grace nous fait sentir bien. Elle disait souvent, «quand je regarde mes petits-enfants, aucun de n'eux me fait envie de pleurer».

...Loulie Redmond Veazey, belle-fille

Daddy was a gadget guy and bought Momma a food processor, among other kitchen aids, but the word "chopped" had a different meaning for Momma, because she always chopped her vegetables by hand in equal precision slices, and the food processor sat in the corner, watching with envy.

...Patricia Veazey Alvarado, AKA Petunia, daughter

Momma was a fantastic cook. Who else could take chaudin, tripe, cow tongue, "debris", mountain oysters and make them tasty and quite edible? I don't even know how to begin cooking that or if I would want to. She'd cook whatever Daddy got a deal on, and we were happy to sample it. A typical dinner conversation: "Momma, you cooked so much!" .... "Well, I don't want everyone looking at each other."

...Barbara Veazey Kinnard, AKA Prunella, daughter

Oftentimes, our friends would drop by and have lunch or dinner with us, and the number of dishes Momma placed on the table would surprise them. Her comment: "I don't want you to go home and tell your momma that I didn't feed you."

...Frances Veazey Angers, AKA Penelope, daughter

Momma's apple cake was superb, there was a pecan in every bite!

...P.J. Veazey, AKA Judy Babe, son

Miss Grace always made us feel good. She often said, "When I look at my grandchildren, not one of them makes me want to cry."

...Loulie Redmond Veazey, daughter-in-law

We often talk about how her stuffed crabs included ONLY lump crabmeat – NEVER that claw meat and always free from shells. Honestly, what keeps coming up is how every time you arrived, I mean even unexpectedly, there was always something fresh-baked. This was only a small part of that warm, loving welcome you always felt. A void I can't seem to fill.

...Pat Landry Veazey, daughter-in-law

Nous parlions souvent de comme son crabe étouffé avait UNIQUEMENT grosse chair de crabe – JAMAIS ça des pinces et toujours exempte de coquilles. Franchement, ce que reviennent sans arrêt est que toutes les fois qu'on arrivait, je veux dire à l'improviste, il y avait toujours quelque chose qui sort du four. Ceci était qu'une petite part de ce chaud, tendre bienvenue qu'on sentait toujours. Un vide que je n'arrive pas à remplir.

...Pat Landry Veazey, belle fille

À la fin d'un somptueux repas de cinq ou plus de plats, avec les assiettes encore sur la table, Mme Grace demandait invariablement, «Et qu'est-ce que vous voudriez pour dîner?»

...Ibu Alvarado, beau fils

Mme Grace était une superbe cuisinière, mais heureusement, elle ne m'a jamais fait manger de chou.

...Bo Kinnard, beau fils

Mme Grace connaissait le chemin vers mon cœur. Quand on passait chez elle pour visiter, elle disait: «Steve, allez regarder sur le plan de travail, j'en fais quelque chose de spécial pour toi.»

...Steve Angers, beau fils

À part du fait que sa nourriture était absolument merveilleuse, elle abordait chaque repas avec un plan alternatif qu'aurait fait fier un guerrier du froid expérimenté. Si ses sujets n'aimaient pas rôti et tarte, au contraire ils pouvaient toujours choisir volaille, une de plusieurs casseroles, multiples gâteaux et brownies. Comme une artiste réticente qui regarde son œuvre de loin, rarement elle mangerait avec ses fans et dérivait son plaisir de la joie qu'elle amenait à tous au tour d'elle.

...Andy Veazey, petit-fils

Je me souviens avec grande tendresse de mes premières années entre milieu et la fin des soixante-dix. Être assis chez mes grands-parents à la salle télé, regardant le

After a sumptuous meal of five or more courses, with the plates not yet removed from the table, Miss Grace would invariably ask, "And what would y'all like for supper?"

...Ibu Alvarado, son-in-law

Miss Grace was a super cook, but thankfully, she never made me eat the cabbage.

...Bo Kinnard, son-in-law

Miss Grace knew the way to my heart. When we'd drop by for a visit, she'd say, "Steve, go look on the counter top, I made something special for you."

...Steve Angers, son-in-law

Aside from the fact that her food was absolutely marvelous, she approached every meal with a contingency plan that would have made a seasoned Cold Warrior proud. If her subjects didn't like roast and pie, they could always choose poultry, one of several casseroles, multiple cakes and brownies instead. Like a reticent artist who views her work from afar, she rarely ate with her fans, and derived her pleasure from the joy she brought to everyone else around her.

...Andy Veazey, grandson

I remember my early years in the mid to late seventies with great fondness sitting in my grandparents' den watching The Mutual of Omaha's *Wild Kingdom* with my uncles and grandfather. My grandmother and aunts were cooking in the kitchen and everyone was talking about how great Maw-Maw's supper was going to be. One of my aunts proclaimed that she should write a cookbook. What would it be named? "Goodness Grace's".

...Jim Veazey, grandson

We all know how much pride Maw-Maw took in her excellent cooking. I used to chuckle at how she would scope out our plates during lunch to see which items were especially popular. During lunch one Thanksgiving, my plate was piled high with a variety of delicious foods. I thought she would be pleased but she put her hand on my shoulder, looked a little hurt, and asked, "Lynn, you don't like my

La cuisinière

Mutual of Omaha «Royaume Sauvage» avec mes oncles et grand-père. Ma grand-mère et tantes étaient à la cuisine en train de préparer le repas et parlant du superbe dîner que Maw-Maw allait nous offrir. Une de mes tantes proclamait qu'elle devait écrire un livre de recettes. Comment allait-il s'appeler? «Bienveillance Grace.»

...Jim Veazey, petit-fils

Nous tous connaissons à quel point Maw-Maw était fier de son excellente cuisine. J'avais l'habitude de glousser par sa façon de parcourir nos assiettes des yeux pendant déjeuner pour voir lesquels éléments étaient particulièrement populaires. À l'heure de déjeuner, un jour de Thanksgiving, mon assiette était entassée avec une variété de délicieuses choses à manger. Je pensais qu'elle était ravie, mais elle posait sa main sur mon épaule, avait l'air un peu blessé, et m'a demandé «Lynn, est-ce que tu n'aime pas mes ignames?» J'essayais de la réconforter en disant que j'adorais tous ses confitures, mais je n'avais plus de place dans l'assiette.

...Lynn Veazey, petite-fille

Malheureusement, j'étais telle sale gosse pour manger, j'insistais en haricots rouges de boîte et tournais mon nez en haut à presque tout qu'elle m'offrit. Mais sa GRÂCE et humilité était telles qu'elle tolérerait ma mesquinerie et faisait sortir l'ouvre-boîte. C'est plus qu'un commentaire sur sa grand-mère-nité que sur son chef-nité.

...Amy Veazey Seemann, petite-fille

Pour Maw-Maw le seul péché était de ne pas aimer la nourriture. Suite à chaque repas Paw-Paw repousserait son assiette et dirait, «C'était un bon repas, MAMAN !»

...Teo Alvarado, petit-fils

Son prénom était l'ajustement parfait. Grâce ne pas uniquement décrit son style, mais il était aussi la prière qu'on disait en remerciant pour notre bénédicité avant de nous laisser entraîner à ses merveilleux festins. Sa cuisine était le point de mire de nos réunions familiales.

...Mark Kinnard, petit-fils

194

yams?" I tried to soothe her by telling her that I loved her yams but simply ran out of room...

...Lynn Veazey, granddaughter

Sadly, I was such a little snot of an eater; I insisted on red beans out of a can and turned my nose up at pretty much all of her offerings. But such was her GRACE and humility, that she would abide my pettiness, and bring out the can opener. That's more of a comment about her grandmother-ly-ness than her cheferly-ness.

...Amy Veazey Seemann, granddaughter

For Maw-Maw, the only sin was to not like food. After every meal, Paw-Paw would push his plate away and say, "That was a fine meal, MOMMA!"

...Teo Alvarado, grandson

Her name was a perfect fit. Grace not only described her style, but it also was the prayer we said giving thanks for our blessings prior to indulging in her wonderful feasts. Her cooking was the focal point for our family gatherings.

...Mark Kinnard, grandson

Maw-Maw set the bar very high within the realms of cooking and grandmothering. In the former role she roasted meats, baked sweets and prepared almost every delicacy in between with a high degree of skill, patience and love. In the latter role, she unceasingly showed even more love to her family – her pride and joy. If I can ever be half the parent and grand-parent she was - and match even one-quarter of her cooking skills – I will have been a success in the home.

...Matthew Veazey, grandson

On dating, Maw-Maw gave me such good advice: "It's okay to think you're better than they are, because you are."

...Erin Kinnard, granddaughter

Maw-Maw's advice on how to heat the oil before frying: "High first, then lower once you put the food in the pan."

...Andrea Alvarado Singh, granddaughter

La cuisinière

Maw-Maw mit la barre très haute dans le royaume de la cuisine et du grand-maternage. Dans le premier rôle, elle rôtissait viandes, cuit au four des sucreries et préparait presque toute délicatesse parmi ceux, avec un haut degré d'habilité, patience et amour. Dans le dernier rôle, elle montrait sans cesse encore plus d'amour pour sa famille – sa fierté et sa joie. Si je pourrais jamais être la moitié de parent et de grand-parent qu'elle a étais – et faire au moins un quart de la paire en ses habilitées en cuisine – j'aurai été la réussite chez moi.

...Matthew Veazey, petit-fils

À propos de rencontres, Maw-Maw m'a donné tel bon conseil: «C'est bien penser que tu es meilleure qu'eux parce que tu es.»

...Erin Kinnard, petite-fille

Le conseil de Maw-Maw de comme chauffer l'huile avant de frire: «Feu vif au début, puis baisser dès que tu pose la nourriture dans la poêle.»

...Andrea Alvarado Singh, petite-fille

Maw-Maw avait des surnoms pour tous ses enfants et petits-enfants. De façon créative, elle inventait l'expression: «Brown et Brino» pour me décrire.

...Brion Angers, petit-fils

«Si tu ne peux pas dire quelque chose de gentil à propos de quelqu'un, ne rien dire du tout.» Ceci était les mots exacts de Maw-Maw.

...Luke Kinnard, petit-fils

Maw-Maw avait étudié comptabilité à l'université et je voulais toujours être un pâtissier, donc elle m'a dit: «C'est trop de sucre pour une pièce de dix centimes». Je savais tout juste ce qu'elle a voulu dire.

...Aline Angers Kiffe, petite-fille

Maw-Maw avait l'habitude de me donner cinq dollars quand on allait visiter et puis elle me demandait de ne pas raconter à ma mère. J'étais spécial parce que tous les deux partageons la même date d'anniversaire.

...Claire Angers Risher, petite-fille

Maw-Maw had nicknames for all of her children and grand-children. She creatively conned the descriptive phrases: "Brown" and "Brino" to describe me.

...Brion Angers, grandson

"If you can't say anything nice about someone, don't say anything at all." Those were Maw-Maw's exact words.

...Luke Kinnard, grandson

Maw-Maw had studied accounting in college, and I always wanted to be a baker so when she told me, "That's too much sugar for a dime!" I knew exactly what she meant.

...Aline Angers Kiffe, granddaughter

Maw-Maw would always give me five dollars when we went to visit and then tell me not to tell my momma. I was special because we shared the same birthday.

...Claire Angers Risher, granddaughter

Piggy Press Books
www.piggypress.com

Nous aimons manger et lire !
We love to eat and read!